JVB

Kerry M. Olitzky / Ronald H. Isaacs

Kleines 1x1 jüdischen Lebens

Mit Illustrationen von Dorcas Gelabert

Aus dem Amerikanischen von Annette Böckler

JVB

Die amerikanische Originalausgabe erschien 1993 unter dem Titel »The How-To Handbook for Jewish Living« im KTAV Publishing House, Inc., Hoboken, New Jersey 1993.

Deutsche Erstausgabe

Die Deutsche Bibliothek – CIP-Einheitsaufnahme
Ein Titeldatensatz für diese Publikation ist bei
Der Deutschen Bibliothek erhältlich.

ISBN: 3-934658-14-8

Gestaltung, Satz und Druckvorlage:	Annette Böckler, Berlin
Illustrationen:	Dorcas Gelabert, mit Ausnahme von S95, 97, 120, 122,123,129, 142-144.
Umschlaggestaltung:	Brigitte Marx, Düsseldorf
Druck und Bindung:	Breklumer Druckerei Manfred Siegel KG

Printed in Germany

Die deutsche Ausgabe dieses Buches wäre nicht möglich gewesen ohne die Hilfe von Rabbinerin Jo David, New York, der an dieser Stelle herzlich gedankt sei.

Inhalt

Kleines 1x1 jüdischen Wissens

Vorwort

Wir lernen am besten durch Vorbilder, indem wir beobachten, wie bestimmte Dinge in unserer Familie oder bei Freunden und Nachbarn gemacht werden. Manchmal ist ein solches Lernen nicht möglich. Dann greifen wir zu Büchern, die uns anleiten oder uns beim Lernen helfen sollen. Wo aber können wir all die grundlegenden Dinge erfahren, die man für ein jüdisches Leben wissen muss?

Auf den Seiten dieses Buches finden Sie Anleitungen zu all den Dingen, die uns als jüdisches Volk einzigartig machen. Beschrieben werden hier lediglich die grundlegenden Bräuche. Für diejenigen, die es interessiert, geben wir die Quellen an. Wenn die Quellen für einen bestimmten Brauch aus verschiedenen Bereichen der jüdischen Geschichte und Kultur stammen, nennen wir nur die, die wir für die für Sie wichtigsten hielten.

Am Ende des Buches haben wir Kurzinformationen angefügt über Dinge, die man wissen muss, die man aber sonst kaum nachschlagen kann.

Wenn Sie zur Zeit dabei sind, ihren Weg zurück ins Judentum zu finden und von der Vielzahl der Bräuche überwältigt werden, dann beginnen sie heute nur mit einem und morgen mit dem nächsten. Das Judentum ist eine reichhaltige Erfahrungswelt. Wir möchten lediglich, dass sie den Einstieg finden. Dieses Buch soll dazu eine Hilfe sein.

Rabbiner Ronald H. Isaacs
Rabbiner Kerry M. Olitzky

Die Sidur- und Torazitate in diesem Buch stammen aus:

Seder ha-Tefillot. Das Jüdische Gebetbuch. Herausgegeben von Jonathan Magonet und Walter Homolka. Aus dem Hebräischen von Annette Böckler, 2. Bände, Gütersloh 1997 (© Union Progressiver Juden in Deutschland, Österreich und der Schweiz).

Die Pessach-Haggada. Hg. von Rabbiner Michael Shire. Mit Illustrationen aus der British Library. Mit einem Vorwort von Rabbiner Walter Homolka. Aus dem Hebräischen von Annette Böckler. 2. Auflage Berlin 2001 (© Jüdische Verlagsanstalt Berlin).

Die deutsche Übertragung der Gebetstexte berücksichtigt die Erfordernisse einer inklusiven Sprache.

Sefer Netiwot ha-Schalom. Die Tora nach der Übersetzung von Moses Mendelssohn mit den Prophetenlesungen im Anhang. Herausgegeben im Auftrag des Abraham Geiger Kollegs und des Moses Mendelssohn Zentrums Potsdam von Annette Böckler. Mit einem Vorwort von Tovia Ben-Chorin. Berlin 2000 (© Jüdische Verlagsanstalt Berlin).

Kleines 1x1 jüdischer Praxis

Alija zur Tora עֲלִיָּה לַתּוֹרָה

Aufruf zur öffentlichen Vorlesung aus der Tora

Quelle

Schulchan Aruch, Orach Chajjim 139-141
Babylonischer Talmud, Megilla 31b-32a

Informationen

1. Nachdem dein Name ausgerufen wurde, geh hinauf zur Tora und stelle dich an die linke Seite des Vorlesers. Wenn der *baal-kore* (der Vorleser) dir die Stelle gezeigt hat, die gelesen werden wird, berühre sie mit den Zizit (Fransen) deines Tallit (oder mit der Ecke deines Siddurs). Die Rolle wird dann zusammengerollt werden. Stelle dich dann hinter der Rolle und sprich folgendes Gebet:

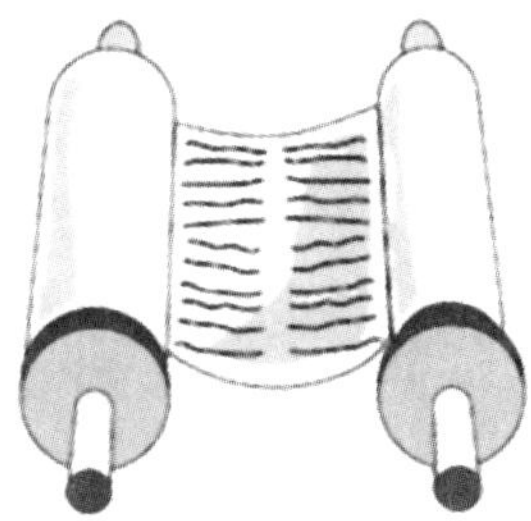

בָּרְכוּ אֶת יְיָ הַמְבֹרָךְ:

Barchu et adonai hameworach.
»Preiset den Ewigen, den zu Preisenden!«

Nachdem die Gemeinde geantwortet hat, sage:

בָּרוּךְ יְיָ הַמְבֹרָךְ לְעוֹלָם וָעֶד:

Baruch adonai hameworach le-olam wa-ed.
Gepriesen sei der Ewige, der immer und ewig zu Preisende!

בָּרוּךְ אַתָּה יְיָ אֱלֹהֵינוּ מֶלֶךְ הָעוֹלָם אֲשֶׁר בָּחַר בָּנוּ מִכָּל הָעַמִּים
וְנָתַן לָנוּ אֶת תּוֹרָתוֹ: בָּרוּךְ אַתָּה יְיָ נוֹתֵן הַתּוֹרָה:

Baruch atta adonai, elohenu melech ha-olam, ascher bachar banu mikol ha-amim wenatan lanu et torato. Baruch atta adonai, noten ha-tora.
Gepriesen seist du, Ewiger, unser Gott; du regierst die Welt. Aus allen Völkern hast du uns erwählt, um uns deine Tora zu geben. Gepriesen seist du, Ewiger. Du gibst die Tora.

Anschließend stelle dich an die rechte Seite des *baal kore*, damit die Tora gelesen werden kann.

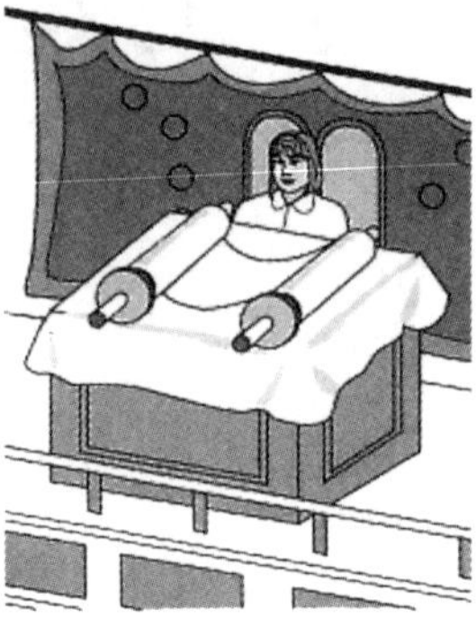

2. Nach der Lesung der Tora, rezitiere folgendes:

בָּרוּךְ אַתָּה יְיָ אֱלֹהֵינוּ מֶלֶךְ הָעוֹלָם אֲשֶׁר נָתַן
לָנוּ תּוֹרַת אֱמֶת וְחַיֵּי עוֹלָם נָטַע בְּתוֹכֵנוּ:
בָּרוּךְ אַתָּה יְיָ נוֹתֵן הַתּוֹרָה:

Baruch atta adonai, elohenu melech ha-olam, ascher natan lanu torat emet wechaje olam nata betochenu. Baruch atta adonai, noten ha-tora.
Gepriesen seist du, Ewiger, unser Gott; du regierst die Welt. Du hast uns die Weisung zur Wahrheit gegeben und ewiges Leben in uns eingepflanzt. Gepriesen seist du, Ewiger. Du gibst die Tora.

3. Dann bleibe an der linken Seite des *baal kore* stehen, während der nächste seine Alija hat.

4. Nach der nächsten Alija kannst du zu deinem Platz zurückgehen. Man wird zu dir sagen: *Jascher koach* »Möge deine Kraft wachsen!«. Antworte: *Baruch tihje* »Möge sie gesegnet sein!«

יְשַׁר כֹּחַ
בָּרוּךְ תִּהְיֶה

Hinweise

1. Um dich zur Tora aufzurufen, muss der Rabbiner/die Rabbinerin oder der Gabbai deinen hebräischen Namen wissen. (..., Sohn/Tochter von ... und ...).

בֵּן
בַּת

2. In einigen Synagogen werden die Leute nach der priesterlichen Rangordnung aufgerufen *(Cohen, Levi, Jisraeli)*. Reformgemeinden, liberale Gemeinden, rekonstruktionistische Gemeinden und einige konservative Gemeinden haben diese Unterscheidung im Allgemeinen abgeschafft, da sie die Gleichheit aller Menschen betonen.

3. Nach der Alija sagt man *Birkat ha-gomel*, wenn es einen Anlass dazu gibt (siehe unten S. 28). Gebete für Gesundheit, Genesung und Ähnliches werden ebenfalls zu diesem Zeitpunkt gesagt. בִּרְכַּת הַגּוֹמֵל מִי שֶׁבֵּרַךְ

4. Einige steigen die *Bimah* rückwärts herunter, um der Lade nicht den Rücken zuzuwenden – so wie man sich aus der Audienz bei einem König verabschiedet. בִּימָה

5. Einige halten die *Ez chajjim* fest, während sie die Lobsprüche rezitieren und heben die Rolle leicht an bei dem Wort »*torato*«. עֵץ חַיִּים תּוֹרָתוֹ

6. Dies sind die Melodien zu den Gebeten zur Alija, die helfen sollen, sich die Worte einzuprägen:

Melodie für den Lobspruch vor der Alija:

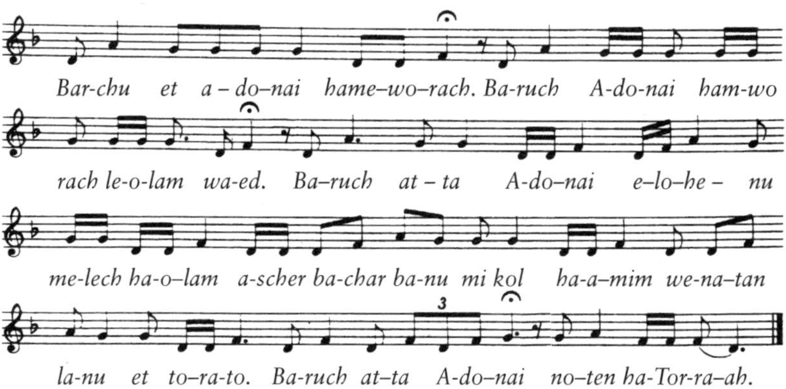

Melodie für den Lobspruch nach der Alija:

Wichtige Wörter und Wendungen

Alija (עֲלִיָּה): Hinausgehen zur Tora, Geehrtwerden zur Tora. (Dasselbe Wort bezeichnet auch die Emigration nach Israel.)

Baal kore (בַּעַל קוֹרֵא): Toravorleser.

Ez Chajjim (עֵץ חַיִּים): Die Rollstangen der Tora.

Gabbai (גַּבַּאי): Die Person in einer Synagoge, die für einen glatten Ablauf der Gottesdienste sorgt, indem sie die *Alijot* (Plural von *Alija*) organisiert und die Fehler korrigiert, die der Toravorleser macht.

Literatur

Encylopaedia Judaica, Jersualem 1971, Bd. 15, 1253-1254.

Chajjim Donin, To Pray as a Jew, New York 1980.

Rose Goldstein, A Time to Pray, Bridgeprot, Conn. 1972.

Isaac Klein, A Guide to Jewish Religious Practice, New York 1979.

Jonathan Romain; Walter Homolka, Progressives Judentum. Leben und Lehre. Übersetzung und Redaktion: Annette Böckler, München 1998, S. 122-126.

Berachot

בְּרָכוֹת

Lobsprüche

Quelle

Die *Berachot* (Gebete/Lobsprüche) werden den Männern der Großen Versammlung zugeschrieben, die ungefähr zwischen 400 - 300 v.d.Z. lebten.

Informationen

Dem berühmten mittelalterlichen jüdischen Philosophen Moses Maimonides (auch bekannt als „Rambam") zufolge gibt es drei Arten von *Berachot*:

1. *Berachot* (Gebete/Lobsprüche), die wir vor dem Essen, Trinken oder Riechen von schönen Dingen sagen, heißen *Birchot hanehenin*. בִּרְכוֹת הַהֶנֱנִין

2. *Berachot* (Gebete/Lobsprüche), die wir vor dem Tun einer Mitzwa sagen, heißen *Birchot hamizwot*. בִּרְכוֹת הַמִּצְווֹת

3. *Berachot* (Gebete/Lobsprüche), in denen wir Gott loben oder Gott danken oder auch Gott um Dinge bitten, heißen *Birchot hoda'a*. בִּרְכוֹת הוֹדָאָה

בִּרְכוֹת הַנֶּהֱנִין

Lobsprüche vor dem Schmecken von Dingen

Wer Brot isst, spricht:

בָּרוּךְ אַתָּה יְיָ אֱלֹהֵינוּ מֶלֶךְ הָעוֹלָם, הַמּוֹצִיא לֶחֶם מִן הָאָרֶץ.

Baruch atta adonai elohenu, melech ha-olam, ha-mozi lechem min ha-aretz.

Gepriesen seist du, Ewiger, unser Gott; du regierst die Welt. Du lässt die Erde Nahrung hervorbringen.

Wer andere Lebensmittel außer Brot isst, die aus Weizen Gerste, Roggen, Hafer oder Dinkel bestehen (z.B. Kuchen oder Kekse), spricht:

בָּרוּךְ אַתָּה יְיָ אֱלֹהֵינוּ מֶלֶךְ הָעוֹלָם, בּוֹרֵא מִינֵי מְזוֹנוֹת.

Baruch atta adonai elohenu, melech ha-olam, bore mine mesonot.
Gepriesen seist du, Ewiger, unser Gott; du regierst die Welt. Du hast verschiedene Arten von Speisen geschaffen.

Wer Wein trinkt, spricht:

בָּרוּךְ אַתָּה יְיָ אֱלֹהֵינוּ מֶלֶךְ הָעוֹלָם, בּוֹרֵא פְּרִי הַגָּפֶן.

Baruch atta adonai, elohenu melech ha-olam, bore pri ha-gafen.
Gepriesen seist du, Ewiger, unser Gott; du regierst die Welt. Du hast die Frucht des Weinstocks geschaffen.

Wer eine Baumfrucht isst, spricht:

בָּרוּךְ אַתָּה יְיָ אֱלֹהֵינוּ מֶלֶךְ הָעוֹלָם, בּוֹרֵא פְּרִי הָעֵץ.

Baruch atta adonai, elohenu melech ha-olam, bore pri ha-ez.
Gepriesen seist du, Ewiger, unser Gott; du regierst die Welt. Du hast die Frucht des Baumes geschaffen.

Wer eine Frucht isst, die im Erdboden wächst, z.B. Kartoffeln, spricht:

בָּרוּךְ אַתָּה יְיָ אֱלֹהֵינוּ מֶלֶךְ הָעוֹלָם, בּוֹרֵא פְּרִי הָאֲדָמָה.

Baruch atta adonai, elohenu melech ha-olam, bore pri ha-adamah.
Gepriesen seist du, Ewiger, unser Gott; du regierst die Welt. Du hast die Früchte des Erdbodens geschaffen.

Ein allgemeiner Lobspruch über sonstige Lebensmittel und Getränke:

בָּרוּךְ אַתָּה יְיָ אֱלֹהֵינוּ מֶלֶךְ הָעוֹלָם, שֶׁהַכֹּל נִהְיָה בִּדְבָרוֹ.

Baruch atta adonai, elohenu melech ha-olam, sche-ha-kol nihje bidwaro.
Gepriesen seist du, Ewiger; du regierst die Welt: Alles entsteht durch dein Wort.

Lobsprüche vor dem Riechen von Dingen

Wer ein wohlriechendes Gewürz riecht, spricht:

בָּרוּךְ אַתָּה יְיָ אֱלֹהֵינוּ מֶלֶךְ הָעוֹלָם, בּוֹרֵא מִינֵי בְשָׂמִים.

Baruch atta adonai, elohenu melech ha-olam, bore mine besamim.
Gepriesen seist du, Ewiger, unser Gott; du regierst die Welt. Du hast verschiedene Arten von Gewürzen geschaffen.

Wer duftende Sträucher und Bäume riecht, spricht:

בָּרוּךְ אַתָּה יְיָ אֱלֹהֵינוּ מֶלֶךְ הָעוֹלָם, בּוֹרֵא עֲצֵי בְשָׂמִים.

Baruch atta adonai, elohenu melech ha-olam, bore atze besamim.
Gepriesen seist du, Ewiger, unser Gott; du regierst die Welt. Du hast wohlriechende Bäume geschaffen.

Wer wohlriechende Pflanzen oder Gräser riecht, spricht:

בָּרוּךְ אַתָּה יְיָ אֱלֹהֵינוּ מֶלֶךְ הָעוֹלָם, בּוֹרֵא עִשְׂבֵי בְשָׂמִים.

Baruch atta adonai, elohenu melech ha-olam, bore iswe besamim.
Gepriesen seist du, Ewiger, unser Gott; du regierst die Welt. Du hast wohlriechende Kräuter geschaffen.

Wer eine wohlriechende Frucht riecht, spricht:

בָּרוּךְ אַתָּה יְיָ אֱלֹהֵינוּ מֶלֶךְ הָעוֹלָם, הַנּוֹתֵן רֵיחַ טוֹב בַּפֵּרוֹת.

Baruch atta adonai, elohenu melech ha-olam, ha-noten reach tow baperot.
Gepriesen seist du, Ewiger, unser Gott; du regierst die Welt. Du hast den Früchten einen guten Duft gegeben.

Wer Parfüm riecht, spricht:

בָּרוּךְ אַתָּה יְיָ אֱלֹהֵינוּ מֶלֶךְ הָעוֹלָם, בּוֹרֵא שֶׁמֶן עָרֵב.

Baruch atta adonai, elohenu melech ha-olam, bore schemen arew.
Gepriesen seist du, Ewiger, unser Gott; du regierst die Welt. Du hast wohlriechendes Öl geschaffen.

Lobsprüche vor dem Sehen von besonderen Dingen

Wer einen Regenbogen sieht, spricht:

בָּרוּךְ אַתָּה יְיָ אֱלֹהֵינוּ מֶלֶךְ הָעוֹלָם, זוֹכֵר הַבְּרִית וְנֶאֱמָן בִּבְרִיתוֹ וְקַיָּם בְּמַאֲמָרוֹ.

Baruch atta adonai, elohenu melech ha-olam, socher ha-b'rit wene'eman biwrito wekajam bema'amaro.
Gepriesen seist du, Ewiger, unser Gott; du regierst die Welt. Du erinnerst dich an deinen Bund und bleibst ihm treu. Du stehst zu deinem Wort.

Wer blühende Bäume im Frühjahr sieht, spricht:

בָּרוּךְ אַתָּה יְיָ אֱלֹהֵינוּ מֶלֶךְ הָעוֹלָם, שֶׁלֹּא חִסַּר בְּעוֹלָמוֹ דָּבָר,
וּבָרָא בוֹ בְּרִיּוֹת טוֹבוֹת וְאִלָנוֹת טוֹבִים לְהַנּוֹת בָּהֶם בְּנֵי אָדָם.

Baruch atta adonai, elohenu melech ha-olam, schelo chisar be'olamo dawar, uwara wo berijot towot we'ilanot towim lehanot bahem bne adam.
Gepriesen seist du, Ewiger, unser Gott; du regierst die Welt. Du lässt es deiner Welt an nichts fehlen. Du hast schöne Dinge geschaffen und prachtvolle Bäume, um die Menschen durch sie zu erfreuen.

Wer das Meer sieht, spricht:

בָּרוּךְ אַתָּה יְיָ אֱלֹהֵינוּ מֶלֶךְ הָעוֹלָם, שֶׁעָשָׂה אֶת־הַיָּם הַגָּדוֹל.

Baruch atta adonai, elohenu melech ha-olam, scheasa et hajam hagadol.
Gepriesen seist du, Ewiger, unser Gott; du regierst die Welt. Du hast das weite Meer geschaffen.

Wer Bäume oder Geschöpfe von außergewöhnlicher Schönheit sieht, spricht:

בָּרוּךְ אַתָּה יְיָ אֱלֹהֵינוּ מֶלֶךְ הָעוֹלָם, שֶׁכָּכָה לּוֹ בְּעוֹלָמוֹ.

Baruch atta adonai, elohenu melech ha-olam, schekacha lo beolamo.
Gepriesen seist du, Ewiger, unser Gott; du regierst die Welt. Dies alles ist Bestandteil deiner Welt.

Wer einem Menschen mit einer ungewöhnlichen äußeren Erscheinung begegnet, spricht:

בָּרוּךְ אַתָּה יְיָ אֱלֹהֵינוּ מֶלֶךְ הָעוֹלָם, מְשַׁנֶּה הַבְּרִיּוֹת.

Baruch atta adonai, elohenu melech ha-olam, meschane hab'rijot.
Gepriesen seist du, Ewiger, unser Gott; du regierst die Welt. Du hast kein Geschöpf wie das andere geschaffen.

Wer einen Blitz sieht, einen Kometen, einen Berg, einen Sonnenaufgang oder sonst ein Naturschauspiel, spricht:

בָּרוּךְ אַתָּה יְיָ אֱלֹהֵינוּ מֶלֶךְ הָעוֹלָם, עֹשֶׂה מַעֲשֵׂה בְרֵאשִׁית.

Baruch atta adonai, elohenu melech ha-olam, ose ma'ase bereschit.
Gepriesen seist du, Ewiger, unser Gott; du regierst die Welt. Du hast das Werk der Schöpfung vollbracht.

Wer eine wiederaufgebaute Synagoge sieht, spricht:

בָּרוּךְ אַתָּה יְיָ אֱלֹהֵינוּ מֶלֶךְ הָעוֹלָם, מַצִּיב גְּבוּל אַלְמָנָה.

Baruch atta adonai, elohenu melech ha-olam, maziw gewul almana.
Gepriesen seist du, Ewiger, unser Gott; du regierst die Welt. Du schenkst der Waise (Zion) neues Leben.

Wer einem Menschen begegnet, der religiöses Wissen und Weisheit besitzt, spricht:

בָּרוּךְ אַתָּה יְיָ אֱלֹהֵינוּ מֶלֶךְ הָעוֹלָם, שֶׁחָלַק מֵחָכְמָתוֹ לִירֵאָיו.

Baruch atta adonai, elohenu melech ha-olam, schechalak mechochma lire'aw.
Gepriesen seist du, Ewiger, unser Gott; du regierst die Welt. Du lässt die, die dich achten, an deiner Weisheit teilhaben.

Wer einem Menschen begegnet, der über großes Wissen verfügt, spricht:

בָּרוּךְ אַתָּה יְיָ אֱלֹהֵינוּ מֶלֶךְ הָעוֹלָם, שֶׁנָּתַן מֵחָכְמָתוֹ לְבָשָׂר וָדָם.

Baruch atta adonai, elohenu melech ha-olam, schenatan mechochmato lebasar wadam.
Gepriesen seist du, Ewiger, unser Gott; du regierst die Welt. Du lässt Menschen aus Fleisch und Blut an deiner Weisheit teilhaben.

Wer ein Regierungsoberhaupt trifft, spricht:

בָּרוּךְ אַתָּה יְיָ אֱלֹהֵינוּ מֶלֶךְ הָעוֹלָם, שֶׁנָּתַן מִכְּבוֹדוֹ לְבָשָׂר וָדָם.

Baruch atta adonai, elohenu melech ha-olam, schenatan mikwodo lewasar wadam.
Gepriesen seist du, Ewiger, unser Gott; du regierst die Welt. Du lässt Menschen aus Fleisch und Blut an deiner Herrlichkeit teilhaben.

Lobsprüche vor dem Hören besonderer Dinge

Wer einen Donner hört, spricht:

בָּרוּךְ אַתָּה יְיָ אֱלֹהֵינוּ מֶלֶךְ הָעוֹלָם, שֶׁכֹּחוֹ וּגְבוּרָתוֹ מָלֵא עוֹלָם.

Baruch atta adonai, elohenu melech ha-olam, schekocho ugewurato male olam.
Gepriesen seist du, Ewiger, unser Gott; du regierst die Welt. Deine Kraft und Macht erfüllen die Erde.

Wer eine Nachricht bekommt, die für einen selbst oder für jemand anderen gut ist, spricht:

בָּרוּךְ אַתָּה יְיָ אֱלֹהֵינוּ מֶלֶךְ הָעוֹלָם, הַטּוֹב וְהַמֵּטִיב.

Baruch atta adonai, elohenu melech ha-olam, hatow we-hametiw.
Gepriesen seist du, Ewiger, unser Gott; du regierst die Welt. Du bist gut und tust Gutes.

Wer eine schlechte Nachricht bekommt, spricht:

בָּרוּךְ אַתָּה יְיָ אֱלֹהֵינוּ מֶלֶךְ הָעוֹלָם, דַּיַּן הָאֱמֶת.

Baruch atta adonai, elohenu melech ha-olam, dajan haemet.
Gepriesen seist du, Ewiger, unser Gott; du regierst die Welt. Du richtest gerecht.

בִּרְכוֹת הַמִּצְווֹת

Vor dem Anzünden der Schabbatkerzen:

בָּרוּךְ אַתָּה יְיָ אֱלֹהֵינוּ מֶלֶךְ הָעוֹלָם, אֲשֶׁר קִדְּשָׁנוּ בְּמִצְוֹתָיו,
וְצִוָּנוּ לְהַדְלִיק נֵר שֶׁל שַׁבָּת.

Baruch atta adonai, elohenu melech ha-olam, ascher kidschanu bimizwotaw, weziwanu lehadlik ner schel schabbat.

Gepriesen seist du, Ewiger, unser Gott; du regierst die Welt. Du hast uns durch deine Gebote geheiligt und uns aufgetragen, die Schabbatkerzen anzuzünden.

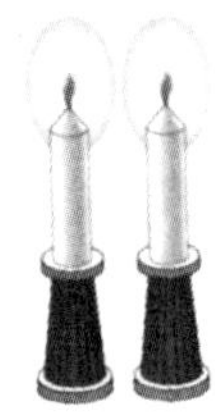

Vor dem Anzünden der Festtagskerzen:

בָּרוּךְ אַתָּה יְיָ אֱלֹהֵינוּ מֶלֶךְ הָעוֹלָם, אֲשֶׁר קִדְּשָׁנוּ בְּמִצְוֹתָיו,
וְצִוָּנוּ לְהַדְלִיק נֵר שֶׁל יוֹם טוֹב.

Baruch atta adonai, elohenu melech ha-olam, ascher kidschanu bemizwotaw, weziwanu lehadlik ner schel jom tow.

Gepriesen seist du, Ewiger, unser Gott; du regierst die Welt. Du hast uns durch deine Gebote geheiligt und uns aufgetragen, die Festtagskerzen anzuzünden.

Vor dem Händewaschen:

בָּרוּךְ אַתָּה יְיָ אֱלֹהֵינוּ מֶלֶךְ הָעוֹלָם, אֲשֶׁר קִדְּשָׁנוּ בְּמִצְוֹתָיו,
וְצִוָּנוּ עַל נְטִילַת יָדָיִם.

Baruch atta adonai, elohenu melech ha-olam, ascher kidschanu bemizwotaw weziwanu al netilat jadajim.

Gepriesen seist du, Ewiger, unser Gott; du regierst die Welt. Du hast uns durch deine Gebote geheiligt und uns aufgetragen, uns die Hände zu säubern.

בְּרְכוֹת הוֹדָאָה

1. בָּרוּךְ אַתָּה יְיָ אֱלֹהֵינוּ מֶלֶךְ הָעוֹלָם, אֲשֶׁר נָתַן לַשֶּׂכְוִי בִינָה לְהַבְחִין בֵּין יוֹם וּבֵין לָיְלָה.
2. בָּרוּךְ אַתָּה יְיָ אֱלֹהֵינוּ מֶלֶךְ הָעוֹלָם, שֶׁעָשַׂנִי בְּצַלְמוֹ.
3. בָּרוּךְ אַתָּה יְיָ אֱלֹהֵינוּ מֶלֶךְ הָעוֹלָם, שֶׁעָשַׂנִי יִשְׂרָאֵל.
4. בָּרוּךְ אַתָּה יְיָ אֱלֹהֵינוּ מֶלֶךְ הָעוֹלָם, שֶׁעָשַׂנִי בֶּן־ (בַּת־)חוֹרִין.
5. בָּרוּךְ אַתָּה יְיָ אֱלֹהֵינוּ מֶלֶךְ הָעוֹלָם, פּוֹקֵחַ עִוְרִים.
6. בָּרוּךְ אַתָּה יְיָ אֱלֹהֵינוּ מֶלֶךְ הָעוֹלָם, מַלְבִּישׁ עֲרֻמִּים.
7. בָּרוּךְ אַתָּה יְיָ אֱלֹהֵינוּ מֶלֶךְ הָעוֹלָם, מַתִּיר אֲסוּרִים.
8. בָּרוּךְ אַתָּה יְיָ אֱלֹהֵינוּ מֶלֶךְ הָעוֹלָם, זוֹקֵף כְּפוּפִים.
9. בָּרוּךְ אַתָּה יְיָ אֱלֹהֵינוּ מֶלֶךְ הָעוֹלָם, רוֹקַע הָאָרֶץ עַל הַמָּיִם.
10. בָּרוּךְ אַתָּה יְיָ אֱלֹהֵינוּ מֶלֶךְ הָעוֹלָם, שֶׁעָשָׂה לִי כָּל־צָרְכִּי.
11. בָּרוּךְ אַתָּה יְיָ אֱלֹהֵינוּ מֶלֶךְ הָעוֹלָם, הַמֵּכִין מִצְעֲדֵי־גָבֶר.
12. בָּרוּךְ אַתָּה יְיָ אלֹהֵינוּ מֶלֶךְ הָעוֹלָם, אוֹזֵר יִשְׂרָאֵל בִּגְבוּרָה.
13. בָּרוּךְ אַתָּה יְיָ אֱלֹהֵינוּ מֶלֶךְ הָעוֹלָם, עוֹטֵר יִשְׂרָאֵל בְּתִפְאָרָה.
14. בָּרוּךְ אַתָּה יְיָ אֱלֹהֵינוּ מֶלֶךְ הָעוֹלָם, הַנּוֹתֵן לַיָּעֵף כֹּחַ.

Baruch atta adonai, elohenu melech ha-olam …

1. *… ascher natan lasechwi wina lehabchin ben jom uwen leila.*
2. *… scheasani bezalmo.*
3. *… scheasani Jisrael.*
4. *… scheasani ben/bat chorin.*
5. *… pokeach iwrim.*
6. *… malbisch arumim.*
7. *… matir asurim.*
8. *… sokef kefufim.*
9. *… roka haarez al hamajim.*
10. *… scheasa li kol zorki.*
11. *… hamechin mizade gawer.*
12. *… ozer jisrael bigwura.*

13. ... *oter jisrael betifara.*
14. ... *hanoten leajef koach.*

Gepriesen seist du, Ewiger, unser Gott;
du regierst die Welt. ...

1. ...Du lässt deine Geschöpfe zwischen Tag und Nacht unterscheiden.
2. ...Du hast mich in deinem Bilde geschaffen.
3. ...Du lässt mich zu Israel gehören.
4. ...Du hast mich als freien Menschen geschaffen.
5. ...Du machst Blinde sehend
6. ...Du bekleidest Nackte.
7. ...Du machst Gebundene frei.
8. ...Du richtest Erniedrigte auf.
9. ...Du hast Himmel und Erde geschaffen.
10. ...Du gibst mir all das, was ich zum Leben brauche.
11. ...Du machst die Schritte eines Menschen sicher.
12. ...Du gibst Israel Kraft.
13. ...Du krönst Israel mit Ehre.
14. ...Du gibst den Müden Kraft.

Hinweise

1. Berachot können in jeder Sprache gesagt werden, so lange ähnliche Gedanken wie der hebräische Text ausgedrückt werden und sie die grundlegende Formel enthalten: Gepriesen seist du, Ewiger, unser Gott; du regierst die Welt.

2. Berachot über den Verzehr von Speisen, über Gerüche oder den Vollzug einer Mitzwa werden vor der betreffenden Handlung gesagt. Eine Ausnahme bilden die Schabbatkerzen. Sie werden zuerst entzündet und dann wird der Lobspruch gesagt (dabei bedeckt man jedoch die Augen mit der Hand).

Wichtige Wörter und Wendungen

Beracha בְּרָכָה. Plural: *Berachot* בְּרָכוֹת: Kurze Gebete für bestimmte Situationen. (Im Deutschen oft missverständlich mit „Segenssprüche“ übersetzt; es geht jedoch nicht um das Segnen von etwas, sondern um das Lob Gottes anlässlich einer bestimmten Situation.)

Birchot hamizwot בִּרְכוֹת הַמִּצְווֹת: Gebete, die vor dem Vollzug einer Mitzwa gesagt werden.

Birchot hanehenin בִּרְכוֹת הַנֶּהֱנִין: Gebete, die vor dem Essen, Trinken, Riechen etc. gesagt werden.

Birchot haschachar בִּרְכוֹת הַשַּׁחַר. Morgengebete (wörtl.: Sonnenaufgangsgebete).

Birchot hoda'ah בִּרְכוֹת הוֹדָאָה. Gebete, die Gott loben, danken oder Gott um etwas bitten.

Literatur

Steven M. Brown, Higher and Higher, New York 1979.

Hayim Donin, To Pray as a Jew, New York 1980.

Joel Grishaver, Basic Berachot, Los Angeles 1988.

Isaac Klein, A Guide to Jewish Religious Practise, New York 1979.

Richard Siegel, Michael Strassfield, Sharon Strassfield, The First Jewish Catalogue, Philadelphia 1973.

Chajim H. Donin, Jüdisches Gebet heute, Zürich 1986.

Leo Trepp, Der jüdische Gottesdienst, Stuttgart 1992.

Walter Rothschild, 99 Fragen zum Judentum, Gütersloh 2001, S. 115-117.

Bikur Cholim

Krankenbesuch

בִּקּוּר חוֹלִים

Quelle

Dies sind die Dinge, von denen der Mensch die Früchte in der Gegenwart genießt und der Gewinn für die Zukunft erhalten bleibt: Ehrung der Eltern, Taten der Nächstenliebe, Lernen im Lehrhaus, Besuch der Kranken ... (Babylonischer Talmud, Schabbat 127a)

Informationen

(auf der Grundlage von Schulchan Aruch, Joreh Dea 335)

1. Es ist eine Mizwa, Kranke zu besuchen. Man soll sogar die besuchen, die nicht zu den Verwandten oder Freunden gehören.

2. Dein Besuch sollte nicht zu lange dauern. Lange Besuche ermüden die Kranken oft.

3. Verwandte und Freunde sollten jemanden, der krank geworden ist, unverzüglich besuchen. Entferntere Bekannte dürfen erst einige Tage abwarten.

4. Wenn du einen Kranken besuchst, versuche, das Zimmer fröhlich zu betreten.

5. Bemühe dich, mit der Person, die du besuchst, nicht über traurige Dinge zu sprechen.

Hinweise

1. Psalmen, die man jemandem, der krank ist, vorlesen kann:
Psalm 6, 9, 13, 16, 17, 22, 23, 25, 30, 31, 32, 33, 37, 49, 55, 86, 88, 90, 91, 102, 103, 104, 118, 119, 142, 143.

2. Einige Synagogen und jüdische Gemeinden haben *bikkur cholim* Gruppen, die Kranke in Krankenhäusern oder zu Hause regelmäßig besuchen. Wenn es in deiner Gemeinde eine solche Gruppe gibt, schließe dich ihr an!

Wichtige Wörter und Wendungen

Bikkur Cholim בִּקּוּר חוֹלִים: Die Mizwa, Kranke zu besuchen.
Bet cholim בֵּאת חוֹלִים: Hebräisches Wort für Krankenhaus.
Mi scheberach מִי שֶׁבֵּרַךְ: Gebet für die Kranken, das oft in der Synagoge für einen kranke Person gesprochen wird.
Widui וִדּוּי: Sündenbekenntnis, das traditionelle Juden, die an einer lebensbedrohlichen Krankheit leiden, zu sagen pflegen.

Literatur

Sharon und Michael Strassfield, The Third Jewish Catalogue, Philadelphia 1980.
Barbara Fortgang Summers, Community Responsibility in the Jewish Tradition, New York 1978.

Die Psalmen, Übertragen von Moses Mendelssohn, Zürich 1998.

Birkat ha-Gomel

Dankgebet

בִּרְכַּת הַגּוֹמֵל

Quelle

Psalm 107; Babylonischer Talmud, Berachot 54b

Informationen

Nach einer Alija zu einer öffentlichen Toralesung sage Folgendes:

בָּרוּךְ אַתָּה יְיָ אֱלֹהֵינוּ מֶלֶךְ הָעוֹלָם הַגּוֹמֵל לְחַיָּבִים טוֹבוֹת
שֶׁגְּמָלַנִי כָּל טוֹב:

Baruch atta adonai, elohenu melech ha-olam, ha-gomel lechajawim towot schegemalani kol tow.

Gepriesen seist du, Ewiger, unser Gott; du regierst die Welt. Du erweist Gutes denen, die es nicht verdient haben. Du hast mir Gutes erwiesen.

Hinweise

1. Man sagt *Birkat ha-Gomel,* nachdem man von einer langen Reise zurückgekehrt ist, von einer schweren Krankheit genesen ist, einer Katastrophe entkommen ist (einschließlich eines Autounfalls) oder aus einer Gefangenschaft freikommt. Frauen sagen es auch nach der Geburt eines Kindes.

2. Nachdem man das Gebet gesprochen hat, antwortet die Gemeinde mit:

מִי שֶׁגְּמָלְךָ כָּל טוֹב הוּא יִגְמָלְךָ כָּל טוֹב סֶלָה:

Mi schebmalcha kol tow hu jigmalcha kol tow sela.

Gott hat dir alles erdenklich Gute erwiesen. Möge Gott dir weiterhin Gutes erweisen.

Wichtige Wörter und Wendungen

Gomel גּוֹמֵל: Ein Mensch, dem eine Unterbrechung gegeben wurde, der aus einer lebensbedrohlichen Lage entkommen konnte (und nun ein Gott »Vergeltender« *(gomel)* ist A.d.Ü.).

Literatur

Isaac Klein, A Guide to Jewish Religious Practise, New York 1979.

Richard Siegel, Michael Strassfeld, Sharon Strassfeld, The First Jewish Catalogue, Philadelphia 1973.

Seder ha-Tefillot. Das Jüdische Gebetbuch. Herausgegeben von Jonathan Magonet und Walter Homolka. Aus dem Hebräischen von Annette Böckler, Band I, Gütersloh 1997, S. 572.

Birkat ha-Mason

Tischgebet nach dem Essen

בִּרְכַּת הַמָּזוֹן

Quelle

וְאָכַלְתָּ וְשָׂבָעְתָּ וּבֵרַכְתָּ אֶת־יְיָ אֱלֹהֶיךָ עַל־הָאָרֶץ הַטֹּבָה אֲשֶׁר נָתַן־לָךְ׃

„Wenn du nun gegessen und dich gesättigt haben (im Überfluss leben) wirst, so musst du dem Ewigen, deinem Gott, danken für das vortreffliche Land, das er dir gegeben hat.“
(Deuteronomium/Dewarim 8,10)

Informationen

בִּרְכַּת הַמָּזוֹן
הַמּוֹצִיא

1. *Birkat ha-Mason* (Tischgebet) wird nach jeder Mahlzeit gesagt, die mit dem Lobspruch über das Brot (*ha-Motzi*) begann.

מְזוּמָן
רַבּוֹתַי וּגְבִרוֹתַי נְבָרֵךְ

2. Wenn mindestens drei Personen zusammen gegessen haben, bilden sie einen *mesuman*. Einer von ihnen wird gebeten, die anderen offiziell dazu aufzurufen, *Birkat ha-Mason* zu sagen, mit der Formel: *Rabbotai ugwirotai newarech* („Meine Damen und Herren, lasst uns das Tischgebet sagen“).

3. Es ist Brauch, die Ehre, *Birkat ha-Mason* zu leiten, einem Gast zu geben.

4. Einige pflegen den Brauch, vor *Birkat ha-Mason* alles Geschirr vom Tisch abzuräumen (vor allem die Messer) und nur ein Stück Brot (oder Krümel) auf dem Tisch zu lassen. Messer wurden früher als Kriegswaffen benutzt und der Tisch gilt aber als ein Altar des Friedens und der Ruhe.

בְּרָכָה
אַחֲרוֹנָה

5. Nach dem Essen einer Mahlzeit, die Kuchen, Wein usw. enthielt (ohne Brot), wird ein besonderes Gebet mit dem Namen *beracha acharona* gesagt. Dies ist eine Art gekürzte Version von *Birkat ha-Mason*.

Wenn mehr als drei Erwachsene zusammen gegessen haben, lädt einer von ihnen die anderen formal ein, die folgenden Gebete zu sagen. (Wenn zehn oder mehr Personen anwesend sind, werden die Worte in Klammern ergänzt.)

רַבּוֹתַי וּגְבִרוֹתַי נְבָרֵךְ:

Rabotai ugwirotai newarech!
Meine Damen und Herren, lasst uns das Tischgebet sprechen!

Die anderen antworten:

יְהִי שֵׁם יְיָ מְבֹרָךְ מֵעַתָּה וְעַד עוֹלָם:

Jehi schem adonai meworach meata wead olam.
Gottes Ruhm sei gepriesen, von nun an bis in Ewigkeit!

Die Leiterin/Der Leiter fährt fort:

בִּרְשׁוּת רַבּוֹתַי וּגְבִרוֹתַי נְבָרֵךְ (אֱלֹהֵינוּ) שֶׁאָכַלְנוּ מִשֶּׁלּוֹ:

Birschut rabotai ugwirotai, nebarech (elohenu) scheachalnu mischelo.
Mit eurer Erlaubnis, meine Damen und Herren, lasst uns Gott preisen. Gottes Nahrung haben wir gegessen.

Die anderen antworten und der Leiter/die Leiterin wiederholt anschließend:

בָּרוּךְ (אֱלֹהֵינוּ) שֶׁאָכַלְנוּ מִשֶּׁלּוֹ וּבְטוּבוֹ חָיִינוּ:

Baruch (elohenu) scheachalnu mischelo ubtuwo chajinu.
Gepriesen sei Gott! Gottes Nahrung haben wir gegessen und durch Gottes Güte leben wir.

Die Leiterin/Der Leiter und die anderen sagen gemeinsam:

בָּרוּךְ הוּא וּבָרוּךְ שְׁמוֹ:

Baruch hu uwaruch schmo.
Gepriesen sei Gott und gepriesen sei Gottes Ruhm!

Die Speisen

בָּרוּךְ אַתָּה יְיָ אֱלֹהֵינוּ מֶלֶךְ הָעוֹלָם, הַזָּן אֶת הָעוֹלָם כֻּלּוֹ בְּטוּבוֹ, בְּחֵן בְּחֶסֶד וּבְרַחֲמִים. הוּא נוֹתֵן לֶחֶם לְכָל־בָּשָׂר כִּי לְעוֹלָם חַסְדּוֹ. וּבְטוּבוֹ הַגָּדוֹל תָּמִיד לֹא חָסַר לָנוּ וְאַל יֶחְסַר לָנוּ מָזוֹן לְעוֹלָם וָעֶד בַּעֲבוּר שְׁמוֹ הַגָּדוֹל, כִּי הוּא אֵל זָן וּמְפַרְנֵס לַכֹּל וּמֵטִיב לַכֹּל וּמֵכִין מָזוֹן לְכָל־בְּרִיּוֹתָיו אֲשֶׁר בָּרָא: בָּרוּךְ אַתָּה יְיָ, הַזָּן אֶת־הַכֹּל:

Baruch atta adonai, elohenu melech ha-olam, hasan et ha-olam kulo betuwo bechen bechesed uwrachamim. Hu noten lechem lechol basar, ki le-olam chasdo. Ubtuwo hagadol tamid lo chasar lanu we-al jechsar lanu mason le-olam wa-ed ba'awur schmo hagadol. Ki hu el san umefarnes lakol, umetiw lakol umechin mason lechol brijotaw aschar bara. Baruch atta adonai, hasan et hakol.

Gepriesen seist du, Ewiger, unser Gott; du regierst die Welt. Du ernährst die ganze Welt in Güte und in Gnade, in Freundlichkeit und Erbarmen. Du gibst allen Lebewesen Nahrung, denn deine Gunst hat kein Ende. Durch deine große Güte und durch die Größe deines Ruhms haben wir niemals Mangel erlitten. Lass uns niemals Mangel erleiden! Denn du ernährst und versorgst alle. Du erweist allen Gutes und mit Nahrung versorgst du alle Geschöpfe, die du geschaffen hast. Gepriesen seist du, Ewiger. Du ernährst alle.

Das Land

נוֹדֶה לְּךָ יְיָ אֱלֹהֵינוּ עַל שֶׁהִנְחַלְתָּ לַאֲבוֹתֵינוּ אֶרֶץ חֶמְדָּה טוֹבָה וּרְחָבָה, בְּרִית וְתוֹרָה, חַיִּים וּמָזוֹן. יִתְבָּרַךְ שִׁמְךָ בְּפִי כָּל־חַי תָּמִיד לְעוֹלָם וָעֶד, כַּכָּתוּב וְאָכַלְתָּ וְשָׂבָעְתָּ וּבֵרַכְתָּ אֶת־יְיָ אֱלֹהֶיךָ עַל־הָאָרֶץ הַטּוֹבָה אֲשֶׁר נָתַן לָךְ. בָּרוּךְ אַתָּה יְיָ, עַל הָאָרֶץ וְעַל הַמָּזוֹן:

Node lecha adonai elohenu al schehinchalta lawotenu erez chemda towa urchawa, brit wetora, chajim u-mason. Jitbarach schimcha befi kol chai tamid le-olam wa-ed, kakatuw weachalta wesawa'ta uberachta et adonai elohecha al ha-aretz hatowa ascher natan lach. Baruch atta adonai, al haretz we al hamason.

Wir danken dir für das begehrenswerte, gute und weiträumige Land, das du unseren Vorfahren gegeben hast; für den Bund, den du mit ihnen geschlossen hast und für die Tora; für die Nahrung, die du zur Sättigung gibst, wie geschrieben steht: „Wenn du nun gegessen und dich gesättigt haben wirst, so musst du dem Ewigen, deinem Gott, danken für das vortreffliche Land, das er dir gegeben hat."

Jerusalem

וּבְנֵה יְרוּשָׁלַיִם עִיר הַקֹּדֶשׁ בִּמְהֵרָה בְיָמֵינוּ. בָּרוּךְ אַתָּה יְיָ בּוֹנֵה
בְרַחֲמָיו יְרוּשָׁלָיִם. אָמֵן:

Uwne Jeruschalajim, ir hakodesch bimhera wejamenu. Baruch atta adonai, bone berachamaw Jeruschalajim, Amen.

Erbaue Jerusalem, deine heilige Stadt, bald und in unseren Tagen. Gepriesen seist du, Ewiger. Du erbaust Jerusalem in deinem Erbarmen. Amen: so sei es!

Die Güte

בָּרוּךְ אַתָּה יְיָ אֱלֹהֵינוּ מֶלֶךְ הָעוֹלָם, הַמֶּלֶךְ הַטּוֹב וְהַמֵּטִיב לַכֹּל.
הוּא הֵטִיב הוּא מֵטִיב, הוּא יֵיטִיב לָנוּ, הוּא גְמָלָנוּ, הוּא גוֹמְלֵנוּ,
הוּא יִגְמְלֵנוּ לָעַד חֵן וָחֶסֶד וְרַחֲמִים וִיזַכֵּנוּ לִימוֹת הַמָּשִׁיחַ:

Baruch atta adonai, elohenu melech ha-olam, hamelech hatow wehametiw lakol. Hu hetiw hu metiw hu jetiw lanu, hu gmalanu, hu gomlenu, hu jigmlenu la'ad chen wachesed werachamin, wisakenu limot hamaschiach.

Gepriesen seist du, Ewiger unser Gott; du regierst die Welt. Du regierst die Welt in Güte und ernährst alles, was lebt. Du hast uns Gutes erwiesen, erweist uns Gutes und wirst uns Gutes erweisen. Gnade und Freundlichkeit und Erbarmen hast du uns gegeben, gibst du uns und wirst du uns stets geben. Würdige uns mit dem Anbruch der messianischen Zeit.

Am Schabbat wird ergänzt:

הָרַחֲמָן, הוּא יַנְחִילֵנוּ יוֹם שֶׁכֻּלּוֹ שַׁבָּת וּמְנוּחָה לְחַיֵּי הָעוֹלָמִים:

Ha-rachaman, hu janchilenu jom schekulo schabat umenucha lechaje ha-olamim.

Gott, du bist barmherzig. Lass uns einen Tag erleben, der erfüllt ist vom Schabbatfrieden und von der Ruhe des ewigen Lebens.

וְנִשָּׂא בְרָכָה מֵאֵת יְיָ וּצְדָקָה מֵאֱלֹהֵי יִשְׁעֵנוּ, וְנִמְצָא חֵן וְשֵׂכֶל טוֹב בְּעֵינֵי אֱלֹהִים וְאָדָם. עֹשֶׂה שָׁלוֹם בִּמְרוֹמָיו, הוּא יַעֲשֶׂה שָׁלוֹם, עָלֵינוּ וְעַל כָּל יִשְׂרָאֵל, וְאִמְרוּ אָמֵן:

Wenissa bracha me-et adonai uzdaka me-elohenu jischenu, wenimza chen wesechel tow be-ene elohim weadam. Ose schalom bimromaw, hu ja-ase schalom, alenu we-al kol jisrael, we-imru: amen.

Wir werden den Segen Gottes tragen und Wohltaten von Gott, unserer Hilfe, und wir mögen Gunst und Verständnis finden bei Gott und den Menschen. Gott schafft Frieden in der Höhe. Möge Gott uns und ganz Israel Frieden geben. Darauf sprecht: So sei es.

Wichtige Wörter und Wendungen

Hamesamen הַמְזַמֵּן: Der Leiter, der *Birkat ha-Mason* leitet.
Mesuman מְזוּמָּן: Eine Gruppe von mindestens drei erwachsenen Jüdinnen oder Juden, die zusammen laut *Birkat ha-Mason* rezitiert.

Literatur

Chajim H. Donin, Jüdisches Gebet heute, Zürich 1986.
Joel Grishaber, Basic Berachot, Los Angelos, 1988.
Isaac Klein, A Guide to Jewish Religious Practise, New York 1979.
Leo Trepp, Der jüdische Gottesdienst, Stuttgart 1992.
Walter Rothschild, 99 Fragen zum Judentum, Gütersloh 2001, S. 21

Andere Versionen von *Birkat ha-Mason* siehe in: *Seder ha-Tefillot*. Das Jüdische Gebetbuch. Band I, Gütersloh 1997, S. 592-603.

Noten von *Birkat ha-Mason* (mit CD) in: Ruth Perelson, An Invitation to Shabbat, New York 1997.

Bedikat Chamez בְּדִיקַת חָמֵץ

(Die Suche nach Gesäuertem vor Pessach)

Quelle

מַצוֹת יֵאָכֵל אֵת שִׁבְעַת הַיָּמִים וְלֹא־יֵרָאֶה לְךָ חָמֵץ וְלֹא־יֵרָאֶה
לְךָ שְׂאֹר בְּכָל־גְּבֻלֶךָ׃

„Ungesäuertes Brot soll gegessen werden die ganzen sieben Tage und kein gesäuertes Brot gesehen werden und kein Sauerteig soll gesehen werden in allen deinen Grenzen.“
(Exodus/Schemot 13,7)

Informationen

1. Die Suche nach Chametz (Lebensmittel, die Sauerteig enthalten) beginnt am Abend, der auf den 13. Nisan folgt. (Wenn der erste Tag von Pessach ein Sonntag ist, findet die Suche am 12. Nisan statt.)

2. Zur Suche nach Chametz benötigt man eine Kerze, eine Feder und einen Holzlöffel.

3. Um sicher zu gehen, dass die Suche nach Chametz erfolgreich sein wird, werden einige Stückchen Brot in verschiedenen Ecken des Hauses versteckt, die während der Suche eingesammelt werden.

4. Bevor die eigentliche Suchaktion beginnt, entzündet man eine Kerze und sagt:

בָּרוּךְ אַתָּה יְיָ אֱלֹהֵנוּ מֶלֶךְ הָעוֹלָם אֲשֶׁר קִדְּשָׁנוּ בְּמִצְוֹתָיו וְצִוָּנוּ
עַל בִּעוּר־חָמֵץ׃

Baruch atta adonai, elohenu melech ha-olam, ascher kidschanu bemizwotaw weziwanu als bi-ur chametz.

Gepriesen seist du, Ewiger, unser Gott; du regierst die Welt. Du hast uns durch deine Gebote geheiligt und hast uns aufgetragen, Gesäuertes zu entfernen.

[Siehe dazu auch das Kapitel »An Pessach zu meiden«, S. 140 - 141.]

Challa

Schabbatbrot

חַלָּה

Quelle

Der Brauch, Challa zu verwenden, geht auf Numeri 15,19-21 und Mischna Challa 1,1 zurück. Die Zöpfe haben eine mystische Bedeutung, sie gelten als der Zopf der Schabbatbraut.

Informationen

1. Löse 2 Päckchen Trockenhefe in 2 Tassen lauwarmem Wasser auf. Füge 1/2 Tasse Zucker hinzu. Lass das ganze etwas stehen.

2. Vermische 7 Tassen Mehl mit 2 Teelöffeln Salz. Füge 1/3 Tasse Öl hinzu, 2 kurz geschlagene Eier und die Hefemischung. Vermische alles sehr gut.

3. Knete den Teig auf einem mit Mehl eingestreuten Brett, bis er glatt und ölig wird. Füge 1/2 Tasse Rosinen hinzu. Lege den Teig in eine eingeölte Schüssel, bedecke sie und lass sie in einer warmen, zugfreien Umgebung ca. 2 Stunden stehen, bis der Teig den doppelten Umfang erreicht hat.

4. Knete den Teig erneut durch und lass ihn erneut etwa eine Stunde lang stehen.

5. Unterteile den Teig und flechte ihn zu zwei Broten. Lege die Brote auf ein Backpapier und lass sie erneut 2 Stunden stehen.

Während du den Challa-Teig vorbereitest, trenne ein kleines Stückchen davon ab und wirf es fort. (Früher warf man es in den Ofen) Dies ist ein Symbol des Opfers, das in der Antike dargebracht wurde, und auch eine Erinnerung an den Teil der Challa, der den Priestern im Tempel gegeben wurde. Wenn du dies tust, rezitiere das folgende Gebet:

בָּרוּךְ אַתָּה יְיָ אֱלֹהֵינוּ מֶלֶךְ הָעוֹלָם אֲשֶׁר קִדְּשָׁנוּ בְּמִצְוֹתָיו
וְצִוָּנוּ לְהַפְרִישׁ חַלָּה.

Baruch atta adonai, elohenu melech ha-olam, ascher kidschanu bemizwotaw weziwanu lehafrisch chala.

Gepriesen seist du, Ewiger, unser Gott; du regierst die Welt. Du hast uns durch deine Gebote geheiligt und uns aufgetragen, Challa abzutrennen.

Um die Challa zu flechten, teile den Teig in drei Teile. Rolle jedes Teil in eine Rolle von gleicher Dicke. Dann verklebe die Enden und flechte die drei Teigrollen wie man einen Haarzopf flechtet. Als Alternative kann man die Zöpfe auch ineinander und bis zum Ende flechten.

6. Bestreiche das Brot mit Ei und bestreue es mit Sesam oder Mohn. Backe es 25 Minuten in einem Ofen bei 200°. (Keine Heißluft!)

7. Nach dem Backen, Abtrennen und Händewaschen lege die beiden Challot auf das Challa-Brett, lege alle zehn Finger auf die Challot und sprich:

בָּרוּךְ אַתָּה יְיָ אֱלֹהֵינוּ מֶלֶךְ הָעוֹלָם הַמּוֹצִיא לֶחֶם מִן הָאָרֶץ

Baruch atta adonai, elohenu melech ha-olam, ha-mozi lechem min ha-aretz.
Gepriesen seist du, Ewiger, unser Gott; du regierst die Welt. Du lässt die Erde Nahrung hervorbringen.

Hinweise

1. Nur Brot von den folgenden Getreidearten muss „getrennt" werden (als Challa): Weizen, Gerste, Mais, Dinkel und Hafer.

2. Wenn du vergessen hast, etwas Challa abzutrennen bevor es gebacken wird, kann es auch anschließend abgebrochen und verbrannt werden.

3. Verdecke die Messer auf dem Tisch, bevor du den Lobspruch sagst. Erinnere dich daran, dass der Tisch zu einem Altar wird und Messer dort nicht erlaubt waren (siehe Jesaja 2,4).

4. Da der Altar aus behauenen Steinen gemacht wurde, reißen einige die Challot in Stücke, anstatt das Messer zu benutzen, denn ein Messer ist ein Kriegsgerät (siehe Exodus/Schemot 20,22).

5. Nach dem Lobspruch und vor dem Verzehr der Challa streue Salz auf das Brot (nur ein wenig), als Erinnerung an das Opfer im Tempel. Dies symbolisiert auch, dass du dein Brot „im Schweiße deines Angesichte" isst (Genesis/Bereschit 3,19).

6. Geflochtene Challot benutzt man am Schabbat, runde Challot an Festen, vor allem an Rosch ha-Schana. Einige Gemeinden bieten an Rosch ha-Schana auch Challot in Form von Vögeln an, um zu zeigen, dass Gottes Barmherzigkeit sogar den kleinen Vögeln gilt.

7. Die Mohn- oder Sesamkörner erinnern an das Man, das in der Wüste fiel.

Wichtige Wörter und Wendungen

Challa חַלָּה (Plural: *Challot* חַלּוֹת) bedeutet wörtlich übersetzt „Teig".

Literatur

Freda Reider, The Hallah Book, Hoboken, N.J. 1988.

Chanukkalichter הַדְלָקַת חֲנֻכִּיָּה

Quelle

Die Rabbanan lehrten: Das Gesetz verlangt ein Chanukkalicht für jede Familie; der Pflichtbewusste nimmt ein Licht für jede Person. Die ganz besonders Pflichtbewussten (entzünden), wie die Schule Schammais empfahl, am ersten Tage acht Lichter und an den folgenden Tagen je eines weniger und, wie die Schule Hillels empfahl, am ersten Tag ein Licht und an den folgenden Tagen je eines mehr. Schammai argumentierte, dass die Anzahl der Lichter den Tagen, die kommen werden, entsprechen sollte und Hillel argumentierte, dass die Lichter den Tagen entsprechen sollten, die bereits vergangen sind.
(Babylonischer Talmud, Schabbat 21b.)

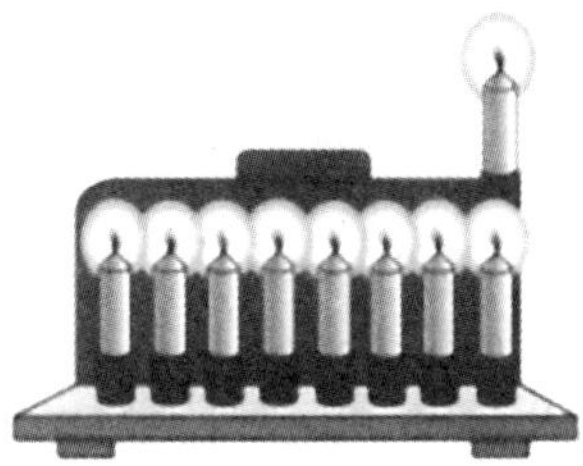

Informationen

Setze die Kerzen in die Chanukkija, jeden Abend eine Kerze mehr (plus den Schamasch). Man kann auch Olivenöl verwenden. **Die Kerzen sollten von rechts nach links eingesteckt werden.**
Entzünde den Schamasch zuerst.

Dann sprich jeden Abend folgendes Gebet:

בָּרוּךְ אַתָּה יְיָ אֱלֹהֵינוּ מֶלֶךְ הָעוֹלָם אֲשֶׁר קִדְּשָׁנוּ
בְּמִצְוֹתָיו וְצִוָּנוּ לְהַדְלִיק נֵר שֶׁל חֲנֻכָּה:

Baruch atta adonai, elohenu melech ha-olam, ascher kidschanu bemizwotaw weziwanu lehadlik ner schel chanukka.

Gepriesen seist du, Ewiger, unser Gott; du regierst die Welt. Du hast uns durch deine Gebote geheiligt und hast uns aufgetragen, das Chanukka-Licht zu entzünden.

Jeden Abend folgt:

בָּרוּךְ אַתָּה יְיָ אֱלֹהֵינוּ מֶלֶךְ הָעוֹלָם שֶׁעָשָׂה נִסִּים לַאֲבוֹתֵינוּ בַּיָּמִים הָהֵם בַּזְּמַן הַזֶּה:

Baruch atta adonai, elohenu melech ha-olam, sche-asa nisim la-awotenu bajamim hahem besman hase.

Gepriesen seist du, Ewiger, unser Gott; du regierst die Welt. Damals zu dieser Zeit hast du für unsere Vorfahren Wunder getan.

Nur am ersten Abend folgt dann:

בָּרוּךְ אַתָּה יְיָ אֱלֹהֵינוּ מֶלֶךְ הָעוֹלָם שֶׁהֶחֱיָנוּ וְקִיְּמָנוּ וְהִגִּיעָנוּ לַזְּמַן הַזֶּה:

Baruch atta adonai, elohenu melech ha-olam, sche-hechejanu wekijemanu wehigianu lasman hase.

Gepriesen seist du, Ewiger, unser Gott; du regierst die Welt. Du hast uns am Leben erhalten und bewahrt. Und nun hast du uns diese Zeit erreichen lassen.

Verwende den Schamasch, um nun die Kerzen zu enzünden, eine Kerze für jeden Abend. **Beginne mit der neuesten Kerze, von links nach rechts.** In einigen Gemeinden ist es üblich, den Schamasch anschließend auszublasen und ihn während der gesamten Dauer des Festes zu verwenden. Die meisten lassen ihn jedoch brennen und verwenden jeden Abend einen neuen Schamasch.

Nachdem du die Lichter entzündet hast, sprich das folgende Gebet, das *„Hanerot hallalu“* heißt:

הַנֵּרוֹת הַלָּלוּ אֲנַחְנוּ מַדְלִיקִין עַל הַנִּסִּים וְעַל הַנִּפְלָאוֹת וְעַל הַתְּשׁוּעוֹת וְעַל הַמִּלְחָמוֹת שֶׁעָשִׂיתָ לַאֲבוֹתֵינוּ בַּיָּמִים הָהֵם בַּזְּמַן הַזֶּה עַל יְדֵי כֹּהֲנֶיךָ הַקְּדוֹשִׁים. וְכָל־שְׁמוֹנַת יְמֵי חֲנֻכָּה הַנֵּרוֹת הַלָּלוּ קֹדֶשׁ הֵם, וְאֵין לָנוּ רְשׁוּת לְהִשְׁתַּמֵּשׁ בָּהֶם אֶלָּא לִרְאוֹתָם בִּלְבָד, כְּדֵי לְהוֹדוֹת וּלְהַלֵּל לְשִׁמְךָ הַגָּדוֹל, עַל נִסֶּיךָ וְעַל נִפְלְאוֹתֶיךָ וְעַל יְשׁוּעָתֶךָ:

Ha-nerot halalu anachnu madlikin al hanissim weal haniflaot weal hateschuot weal hamilchamaot scheasita laawotenu bajamim hahem basman hase al jede kohanecha hakdoschim. We-chol schemonat jeme chanuka hanerot halalu kodesch hem, we-en lanu reschut lehischtamesch bahem ela lir'otam bilwad, kede lehodot ulehalel leschimcha hagadol, als nisecha weal nifleottecha weal jeschuatecha.

Wenn wir diese Lichter entzünden, denken wir an die Zeichen deiner Treue und Macht und erinnern uns an deine Hilfe. Wir denken an die wunderbaren und trostvollen Taten, die du damals zu dieser Zeit durch deine heiligen Priester für unsere Vorfahren getan hast. Deshalb sind diese Lichter während der acht Tage des Chanukka-Festes heilige Lichter. Sie sollen uns nicht zum alltäglichen Gebrauch dienen, sondern nur angeschaut werden, damit wir dir danken für die Zeichen deiner Treue, für deine Hilfe und für deine Wunder.

Hinweise

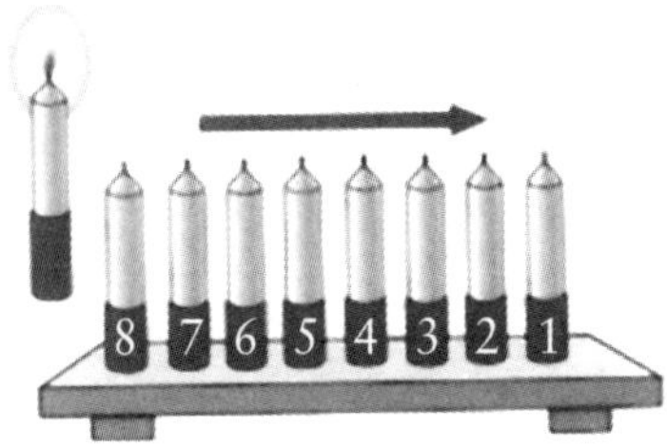

1. Stecke die Kerzen von rechts nach links auf, entzünde sie aber von links nach rechts.

2. Stelle deine Chanukkia an das Fenster, das am nächsten zur Straße ist, so dass die Lichter gesehen werden können.

3. Die Kerzenhalter an traditionellen Chanukkaleuchtern sind alle auf derselben Höhe mit einem etwas höher stehenden oder abgetrennten Schamasch.

4. An Schabbat-Chanukka entzünde die Chanukkalichter, bevor du die Schabbatkerzen entzündest.

5. Entzünde die Kerzen nach Einbruch der Dunkelheit, aber früh genug, damit sie gesehen werden.

6. Am Ende von Schabbat-Chanukka mache erst Hawdala und entzünde dann die Chanukka-Lichter.

7. Benutze die Chanukka-Lichter nicht zu praktischen Zwecken, wie zum Lesen u.a.

Wichtige Wörter und Wendungen

Ner נֵר: Kerze.
Or אוֹר: Licht.
Schemen שֶׁמֶן: Öl.

Literatur

Elias Bickermann, The Maccabees, New York 1947.
Encylopaedia Judaica, Jerusalem 1973, Band VII, 1280-1315
Jonathan A. Romain, Walter Homolka, Progressives Judentum. Leben und Lehre. Übersetzung und Redaktion: Annette Böckler, München 1999, S. 179-182.
Walter Rothschild, 99 Fragen zum Judentum, Gütersloh 2001, S. 25-27.

Dreidl-Spiel דְרֵיידְל

Quelle

Der Brauch stammt vermutlich von einem alten deutschen Glücksspiel.

Informationen

1. Jede Person sollte mit zehn oder fünfzehn Pfennigen oder Nüssen, Rosinen bzw. Schokoladengeldstücken beginnen.

2. Jede Spielerin/Jeder Spieler legt eine Münze/Rosine/Nuss in die Mitte (eine Art Jackpot).

3. Der Reihe nach dreht jede Person den Kreisel. Gewinn oder Verlust ist davon abhängig, auf welche Seite der Dreidl fällt.

4. a. NUN steht für »Nichts« (Jiddisch: nischt). Die Person erhält nichts. נ
   b. GIMMEL steht für »alles« (jiddisch: ganz). Die Person erhält alles, was in der Mitte liegt. ג
   c. HE steht für »die Hälfte« (jiddisch: halb). Die Person erhält die Hälfte des Jackpots. ה
   d. SCHIN steht für »Einsatz« (jiddisch: schtell ein). Die Person muss eine Münze/Rosine/Nuss in die Mitte legen. ש

5. Nachdem GIMMEL geworfen wurde, legt jeder Spieler/jede Spielerin wieder eine Münze/Rosine/Nuss in die Mitte.
   Hat jemand HE geworfen, aber es ist eine ungerade Anzahl von Münzen/Rosinen/Nüssen in der Mitte, nimmt die Person, die das HE geworfen hat, die Hälfte plus eins.
   Wenn eine/r der Spielerinnen/Spieler nichts mehr hat, ist das Spiel beendet.

Hinweise

1. Die Buchstaben auf dem Dreidl sind die Anfangsbuchstaben des Satzes: *Nes Gadol Haja SCHam* »Ein großes Wunder geschah dort«.

2. Dreidls in Israel haben die Buchstaben für *nes gadol haja po* »ein großes Wunder geschah hier« (anstelle von *scham* "dort").

Wichtige Wörter und Wendungen

Chanukkagelt: Münzen, die beim Dreidl-Spiel benutzt werden (oft eingewickelte Schokoladenmünzen).
Dreidl (jiddisch): Kreisel. Hebräisch: *Sewiwon*.

Literatur

Philip Goodman, The Hanukkah Anthology, Philadelphia 1976.
Sol Scharfstein, Hanukah: Who? Why? When?, Hoboken, N.J. 1991.

Gebet

תְּפִילָּה

Quelle

Ich aber bete Herr zu dir, zur Gnadenzeit; Gott! Nach deiner grenzenlosen Güte! Erhöhre mich mit deiner treuen Hilfe! (Psalm 69,14)

Die Anfänge einer Gebetsordnung finden sich im zweiten Teil des Talmudtraktats Berachot, einer Sammlung aus der Zeit der frühen Geonim.

Informationen

Ablauf des Morgengebetes

Hymnen und Psalmen, die uns auf das Gebet vorbereiten.

Morgenlobsprüche בִּרְכוֹת הַשַּׁחַר
(Birchot ha-Schachar)

Ausgewählte Psalmen תְּהִלִּים
(P'suke de-Simra)

Jischtabach יִשְׁתַּבַּח

Barchu בָּרְכוּ

שְׁמַע יִשְׂרָאֵל
Sch'ma Jisrael
und seine Lobsprüche

Erster Lobspruch vor dem Sch'ma: *Jozer Or*
יוֹצֵר אוֹר
(Jeden Tag von neuem schafft Gott das Licht.)
Zweiter Lobspurch vor dem Sch'ma: *Ahawa Rabba*
אַהֲבָה רַבָּה
(Gott gibt uns die Tora und erweist uns seine Zuwendung.)

Sch'ma שְׁמַע Drei Abschnitte: Dtn 6,4-9
Dtn 11,13-21
Num 15,37-41
Lobspruch nach dem Sch'ma: *Ga'al Jisrael*
גָּאַל יִשְׂרָאֵל
(Gott erlöst Israel)

עֲמִידָה *Amida*	**Amida** (Wochentagsamida oder Schabbatamida oder Festtagsamida mit den entsprechenden Einschüben des Tages) (auch bezeichnet als *Sch'mone Esre* שְׁמוֹנֶה עֶשְׂרֵה „Achtzehn[Bittengebet] oder *Hatefilla* הַתְּפִלָּה „Das Gebet")
קְרִיאַת הַתּוֹרָה Toralesung	**Ordnung der Toralesung** (Montag, Donnerstag und Schabbat)
	Ganzes *Kaddisch* *Kaddisch Schalem* קַדִּישׁ שָׁלֵם
Gebete zum Abschluss des öffentlichen Gebets	***Alenu*** עָלֵינוּ ***Kaddisch* der Trauernden** קַדִּישׁ יָתוֹם

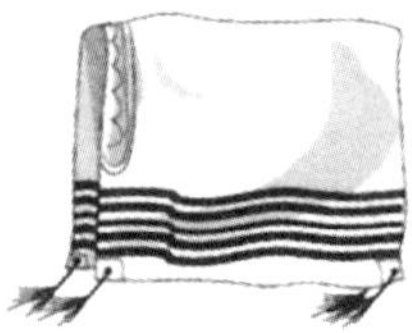

Gebetsgesten

Wann	**Was**	**Wie**	**Warum**
Allgemein	Schaukeln	Wiege auf den Füßen leicht nach hinten und vorn,	um Herz und Seele beim Gebet zu beteiligen.
Barchu	Tiefe Verbeugung	Beuge dich von der Hüfte an nach vorn bei dem Wort *barchu*,	um sich wie vor einem König zu verneigen.

Wann	Was	Wie	Warum
Sch'ma Jisrael adonai elohenu adonai echad	Augen schließen	Bedecke deine Augen mit deiner rechten Hand,	um Ablenkungen von dir fernzuhalten und dich ganz auf Gottes Einheit zu konzentrieren.
Dritter Abschnitt von Sch'ma *(Wajomer adonai)*	Küssen der *Zizit*	Nimm einige *Zizit* und küsse sie bei jeder Erwähnung der *Zizit* im dritten Abschnitt des *Sch'ma*,	um symbolisch Gottes Gebote zu akzeptieren.
Adonai sefatai tiftach ufi jagid tehilatecha. (vor der Amida)	Sich Gott Nahen	Gehe drei Schritte zurück und dann wieder nach vorn,	um dich symbolisch Gott, dem Herrscher, zu nahen.
Baruch atta adonai, elohenu we-elohe awotenu (Anfang der Amida)	Verbeugung	Gehe leicht in die Knie, jedoch so, dass der Oberkörper aufrecht bleibt. Beuge dich von der Hüfte an nach vorn und richte dich beim Wort *adonai* wieder auf. (siehe Abb. nächste Seite),	um sich vor Gott, dem Herrscher, zu verneigen.
Baruch atta adonai, magen Awraham we-Sara (Ende des ersten Abschnitts der Amida)	Verbeugung	Dieselbe Bewegung wie vorher.	Derselbe Grund wie vorher.

Wann	Was	Wie	Warum
Kadosch, kadosch, kadosch (in der Keduscha in der Amida)	Sich auf die Zehenspitzen stellen	Stelle dich bei jedem „*kadosch*“ kurz auf die Zehenspitzen,	um sich symbolisch dem Himmel zu nähern.
Modim anachnu lach (in der Amida)	Verbeugung	Wie zu Beginn der Amida.	Wie zu Beginn der Amida.
Baruch atta adonai, hatow schimcha ulecha nae lehodot (in der Amida)	Verbeugung	Wie zu Beginn der Amida.	Wie zu Beginn der Amida.
Osse schalom bimromaw, hu ja'ase schalom alenu, we-al kol Jisrael we al kol joschwe tewel, weimru: Amen.	Sich verabschieden	Gehe drei Schritte zurück. Bei *schalom bimromaw* neige deinen Kopf und deine Schultern nach links. Bei *hu ja'ase schalom* neige deinen Kopf und deine Schultern nach rechts. Bei *alenu we-al kol Jisrael we al kol joschwe tewel* neige deinen Kopf und deine Schultern nach vorn. Bei *we-imru* stehe aufrecht.	Dies ist die Umkehrung der Bewegung, die wir zu Beginn der Amida gemacht haben. Hier verabschieden wir uns von Gott.
In Alenu bei den Worten *wa'anachnu korim umischtachawim umodim*	Verbeugung	Geh in die Knie bei *wa'anachnu korim*; verbeuge dich bei *umischtachawim*, steh aufrecht bei *lifne melech*,	um Demut vor Gott zu zeigen, dem Herrscher über alle Herrschenden.

Wichtige Wörter und Wendungen

Birchot ha-Schachar בִּרְכוֹת הַשַּׁחַר: Morgenlobsprüche.
Matbe'a schel tefilla מַטְבֵּעַ שֶׁל תְּפִילָּה: Heilige Ordnung der Gebete.
P'suke d'simra פְּסוּקֵי דְזִמְרָה: (aramäisch für: Gesungene Verse). Lieder zur Hinführung zum Gebet.
Tehillim תְּהִלִּים: Psalmen (Gedichte aus der Bibel).

Literatur

Philip Arian, Azriel Eisenberg, The Story of the Prayer Book, Bridgeport, Conn. 1968.
Steven Brown, Higher and Higher: Making Jewish Prayer Part of Us, New York 1979.
Hayim Donin, To Pray As a Jew, New York 1980.
Harvey Fields, Bechol Levavcha: With All Your Heart, New York 1976.
Isaac Klein, A Guide to Jewish Religious Practice, New York 1979.
Lawrence A. Hoffman (Ed.), My People's Prayer Book. Traditional Prayers, Modern Commentaries, 7 Bände, Woodstock. Vermont 1997ff.
Chajim H. Donin, Jüdisches Gebet heute, Zürich 1986.
Leo Trepp, Der jüdische Gottesdienst, Stuttgart 1992.

Weitere Informationen

1. Die korrekte Art und Weise, sich bei *Baruch atta adonai* בָּרוּךְ אַתָּה ה' zu verbeugen: Man geht in die Knie bei Baruch בָּרוּךְ („Gepriesen") und stellt sich beim Namen Gottes wieder aufrecht (Schulchan Aruch, Orach Chajjim 113,7).

Baruch *atta* *adonai*

2. Die korrekte Art und Weise, sich im *Alenu* zu verbeugen:

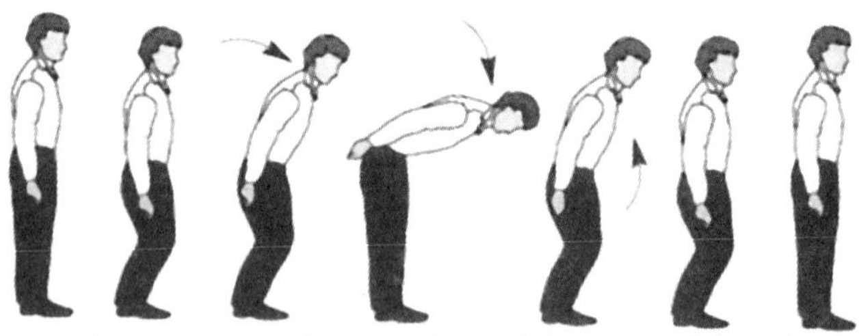

Wa-anachnu *korim* *umischtachawim* *umodim* *lifne melech* *malche ha-malchim* *ha-kadosch baruch hu*

Grabstein מַצֵּבָה

Quelle

וַיַּצֵּב יַעֲקֹב מַצֵּבָה עַל־קְבֻרָתָהּ הִוא מַצֶּבֶת קְבֻרַת־רָחֵל עַד־הַיּוֹם׃

Jaakow setzte ein Denkmal auf ihr Begräbnis. Dasselbe ist das Grabmal Rachels bis auf diesen Tag.
(Genesis/Bereschit 35,20)

Informationen

1. Es ist üblich, auf einem Grab einen Grabstein zu errichten.

2. Es gibt keine einheitliche Praxis für die Inschrift auf dem Stein. Heutzutage enthält der Stein oft sowohl den bürgerlichen als auch den hebräischen Namen des Verstorbenen. Zusätzlich kann er den Tag der Geburt und des Todes enthalten, nach der christlichen Zeitrechnung und/oder nach der jüdischen.

3. In der aschkenasichen Tradition setzt man vor den hebräischen Namen die hebräischen Buchstaben PE NUN פ"ן. Sie stehen für *po nitman* "hier ruht". Nach sefardischem Brauch werden die hebräischen Buchstaben מ"ק für *matzewet kewurat* „Grabstein des Grabes von" eingemeißelt.

4. Viele Grabsteine enthalten die hebräischen Buchstaben ת"נ"צ"ב"ה. Dies sind die Anfangsbuchstaben von *tihje nischmato/a zerura bizror hachajim* „Möge seine/ihre Seele eingebunden sein im Bund des Lebens".

5. Einige Grabsteine enthalten jüdische Symbole. Die acht häufigsten sind:

Davidstern Menora Levitenkrug Jahrzeitlicht

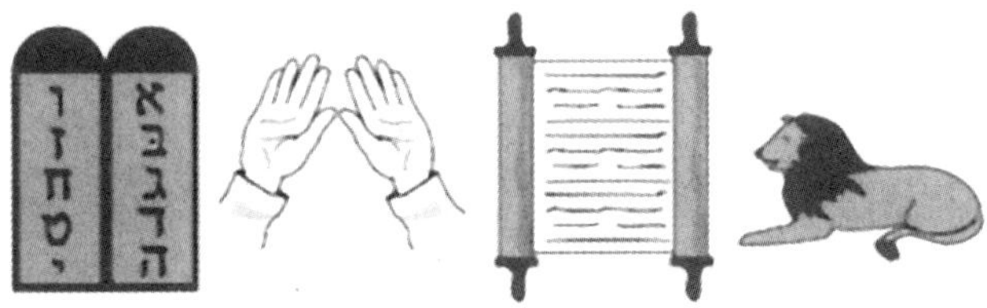

Gebotstafeln Priesterhände Torarolle Löwe

Hinweise

1.Ein Friedhof ist eine heilige Stätte. Respektiere dies ... und das Gedenken derer, die dort ruhen.

2. Auch wenn ein Friedhof wie ein Park wirkt, ist es kein Spielplatz oder Freizeitgelände.

Wichtige Wörter und Wendungen

Bet chajim בֵּית חַיִּים: Verschönernder Ausdruck für „Friedhof". Bedeutet wörtlich „Lebenshaus".

Bet kewarot בֵּית קְבָרוֹת: Hebräisch für „Friedhof".

Matzewa מַצֵּיבָה: Hebräisch für „Grabstein"

Steinsetzung: Die Zeremonie, in der der Grabstein enthüllt wird, in der Regel ein Jahr nach dem Tod der Person.

Literatur

Ron H. Isaacs, Kerry Olitzky, The Jewish Mourner's Handbook, Hoboken, N.J. 1991.

Isaac Klein, A Guide to Jewish Religious Practice, New York 1979.

Isaac Klein, A Time to be Born, a Time to Die, New York 1977.

Walter Rothschild, 99 Fragen zum Judentum, Gütersloh 2001, S. 43-45.

Haftara

Prophetenlesung

בִּרְכּוֹת הַהַפְטָרָה וְטַעֲמֵי הַמִּקְרָא

Quelle

Die Leviten hatten Handzeichen, die bestimmte Melodien anzeigten, wenn sie die Tora in der Öffentlichkeit lasen (siehe unten S. 130). Diese wurden wahrscheinlich auch für Haftara benutzt.

Informationen

1. Die Haftara (das ist ein Abschnitt aus den Büchern der Propheten – *newi'im*) wird in der Synagoge am Schabbat und an Festtagen gelesen. הַפְטָרָה

2. Jede Haftara hat hebräische Wörter mit Musikzeichen, die *trop* heißen oder *ta'ame hamikra*. Diese Zeichen sagen uns, wie man die Worte und Sätze der Haftara singt. טַעֲמֵי הַמִּקְרָא

3. Vor jeder Haftara wird ein Gebet gesprochen oder gesungen und einige kurze Gebete nach jeder Haftara.

4. Die Gebete vor und nach der Haftara und die Melodien dazu sind folgende:

Gebet vor der Haftara:

בָּרוּךְ אַתָּה יְיָ, אֱלֹהֵינוּ מֶלֶךְ הָעוֹלָם, אֲשֶׁר בָּחַר בִּנְבִיאִים טוֹבִים, וְרָצָה בְדִבְרֵיהֶם, הַנֶּאֱמָרִים בֶּאֱמֶת: בָּרוּךְ אַתָּה יְיָ, הַבּוֹחֵר בַּתּוֹרָה, וּבְמֹשֶׁה עַבְדּוֹ, וּבְיִשְׂרָאֵל עַמּוֹ, וּבִנְבִיאֵי הָאֱמֶת וָצֶדֶק:

Baruch atta adonai, elohenu melech ha-olam, ascher bachar binwi'im towim, weraza bediwrehem, hane'emarim be'emet. Baruch atta adonai, habocher batora, ubemosche awdo, ubejisrael amo, ubinwi'e ha-emet wazedek.

Gepriesen seist du, Ewiger, unser Gott; du regierst die Welt. Du hast gute Propheten erwählt. Du hattest Gefallen an ihren Worten, weil sie der Wahrheit entsprachen. Gepriesen seist du, Ewiger, du hast die Tora, deinen Diener Mosche, dein Volk Israel und die wahren und wirklichen Propheten erwählt.

Die Gebete nach der Haftara können ebenfalls gesungen werden, aber nicht nach dem Trop (dazu ist keiner überliefert), sondern nach einer traditionellen Melodie. Diese Melodie kann von Gemeinde zu Gemeinde unterschiedlich sein. Die folgende Melodie ist die, die in den USA am meisten verbreitet ist. (In vielen progressiven Gemeinden ist es üblich, die Gebete vor und nach der Haftara zu sprechen und die Haftara in Deutsch vorzulesen. In vielen progressiven Gemeinden werden nicht alle Gebete nach der Haftara gesagt, sondern nur das letzte (IV) *al hatora* „Für die Tora …“).

Gebete nach der Haftara:

בָּרוּךְ אַתָּה יְיָ, אֱלֹהֵינוּ מֶלֶךְ הָעוֹלָם, צוּר כָּל הָעוֹלָמִים, צַדִּיק
בְּכָל־הַדּוֹרוֹת, הָאֵל הַנֶּאֱמָן, הָאוֹמֵר וְעוֹשֶׂה, הַמְדַבֵּר וּמְקַיֵּם,
שֶׁכָּל דְּבָרָיו אֱמֶת וָצֶדֶק:
נֶאֱמָן אַתָּה הוּא יְיָ אֱלֹהֵינוּ, וְנֶאֱמָנִים דְּבָרֶיךָ, וְדָבָר אֶחָד
מִדְּבָרֶיךָ, אָחוֹר לֹא־יָשׁוּב רֵיקָם, כִּי אֵל מֶלֶךְ נֶאֱמָן וְרַחֲמָן
אָתָּה: בָּרוּךְ אַתָּה יְיָ, הָאֵל הַנֶּאֱמָן בְּכָל־דְּבָרָיו:

Gepriesen seist du, Ewiger, unser Gott; du regierst die Welt; du bist der Fels aller Zeiten, gerecht in jeder Generation. Treuer Gott, du sprichst und du handelst, du verheißt und du erfüllst. Alle Worte Gottes sind wahr und gerecht. Du bist wahrhaftig der Ewige, unser Gott, und deine Worte haben Bestand. Kein einziges von ihnen kehrt leer wieder zurück. Denn du bist Gott. Du regierst. Du bist treu und barmherzig. Gepriesen seist du, Ewiger; du bist ein treuer Gott in allen deinen Worten.

רַחֵם עַל־צִיּוֹן כִּי הִיא בֵּית חַיֵּינוּ, וְלַעֲלוּבַת נֶפֶשׁ תּוֹשִׁיעַ בִּמְהֵרָה
בְיָמֵינוּ: בָּרוּךְ אַתָּה יְיָ, מְשַׂמֵּחַ צִיּוֹן בְּבָנֶיהָ:

Ergreife Partei für Zion, denn sie ist unser Lebenshaus. Hilf den Betrübten rasch zu unseren Zeiten. Gepriesen seist du, Ewiger; du erfreust Zion mit Kindern.

שַׂמְּחֵנוּ יְיָ אֱלֹהֵינוּ, בְּאֵלִיָּהוּ הַנָּבִיא עַבְדֶּךָ, וּבְמַלְכוּת בֵּית דָּוִד
מְשִׁיחֶךָ, בִּמְהֵרָה יָבֹא וְיָגֵל לִבֵּנוּ, עַל כִּסְאוֹ לֹא יֵשֶׁב זָר, וְלֹא
יִנְחֲלוּ עוֹד אֲחֵרִים אֶת כְּבוֹדוֹ, כִּי בְשֵׁם קָדְשְׁךָ נִשְׁבַּעְתָּ לּוֹ,
שֶׁלֹּא יִכְבֶּה נֵרוֹ לְעוֹלָם וָעֶד: בָּרוּךְ אַתָּה יְיָ, מָגֵן דָּוִד:

Ewiger, unser Gott, erfreue uns durch den Propheten Elijahu, deinen Knecht und durch den Anbruch der messianischen Zeit. Möge sie bald zu uns kommen. Dann werden unsere Herzen frohlocken. Auf Davids Thron möge kein Fremder sitzen. Andere mögen an seiner Herrlichkeit keinen Anteil haben. Denn bei deinem heiligen Namen hast du geschworen, dass sein Licht niemals verlöschen wird. Gepriesen seist du, Ewiger, Schutzschild Davids.

עַל הַתּוֹרָה, וְעַל הָעֲבוֹדָה, וְעַל הַנְּבִיאִים, וְעַל יוֹם הַשַּׁבָּת הַזֶּה,
שֶׁנָּתַתָּ לָּנוּ יְיָ אֱלֹהֵינוּ לִקְדֻשָּׁה וְלִמְנוּחָה לְכָבוֹד וּלְתִפְאָרֶת:
עַל־הַכֹּל יְיָ אֱלֹהֵינוּ, אֲנַחְנוּ מוֹדִים לָךְ וּמְבָרְכִים אוֹתָךְ, יִתְבָּרַךְ
שִׁמְךָ בְּפִי כָּל־חַי תָּמִיד לְעוֹלָם וָעֶד: בָּרוּךְ אַתָּה יְיָ, מְקַדֵּשׁ
הַשַּׁבָּת:

IV

Für die Tora, für den Gottesdienst, für die Worte der Propheten, für diesen Schabbattag, den du uns zur Heiligkeit und Ruhe, zur Herrlichkeit und Pracht gewährst, dafür danken wir dir und preisen dich, Ewiger, unser Gott. Dein Name möge durch jeden Mund stets gepriesen werden, immer und ewig. Gepriesen seist du, Ewiger. Du hast den Schabbat geheiligt.

Haftara Trop

Wichtige Wörter und Wendungen

Haftara הַפְטָרָה: Von einem hebräischen Wort mit der Bedeutung „abschließen“; bezieht sich vor allem auf den Abschluss mit der Prophetenlesung, die am Schabbat und an Festtagen gelesen wird.

Ta'ame hamikra טַעֲמֵי הַמִּקְרָא: Musikzeichen für die Vorlesung der Tora. Hebräisch: *trop* von dem jiddischen Wort für „Musikzeichen“.

Literatur

Richard Neumann, The Roots of Biblical Chants, New York 1982.
Samuel Rosenbaum, A Guide to Haftarah Chanting, New York 1973.

Hagba'ah und Gelila

הַגְבָּהָה וּגְלִילָה

Hochheben und Aufrollen der Tora

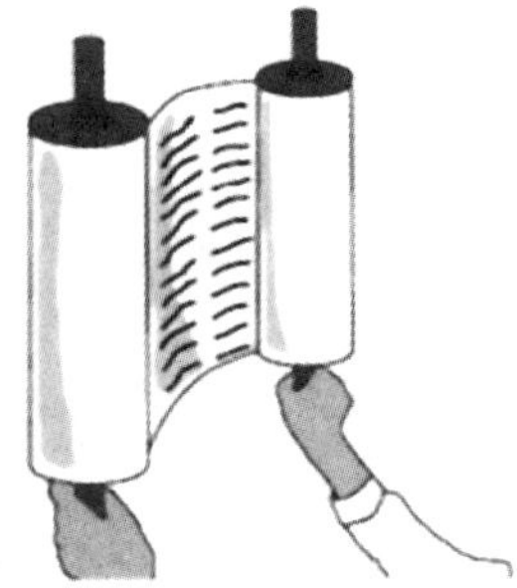

Quelle

1. Babylonischer Talmud, Sofrim 14,14
2. Schulchan Aruch, Orach Chajjim 134,2

Informationen

Es ist üblich, diese beiden Aufrufe (zur *Hagba'ah* und zur *Gelila*) zusammen nach der Toralesung zu geben.

1. Für die *Hagba'ah* (Hochheben der Tora) rolle die Torarolle so weit auseinander, bis man drei Kolumnen des Textes sehen kann.

2. Ziehe die Torarolle zu dir hin, so dass die Griffe nicht mehr auf dem Tisch liegen.

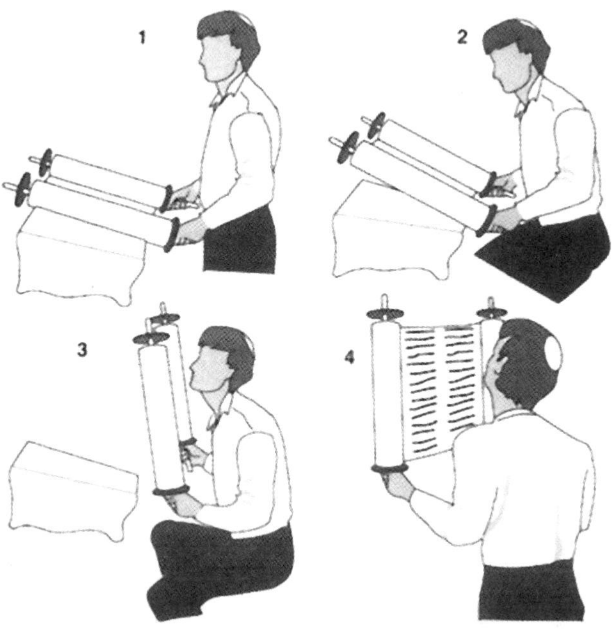

3. Halte die Griffe. Benutze die Tischkante für die Hebelkraft, gehe in die Knie und drücke auf die unteren Enden der Griffe.

4. Hebe die Rolle dann senkrecht nach oben und halte sie über deinem Kopf. Sei vorsichtig!

5. Drehe dich herum, so dass das Innere der Rolle – die Schrift – von jedem in der Gemeinde gesehen werden kann.

6. Nachdem die Gemeinde „*We-sot ha-Tora*" gesungen hat, setzte dich in einem für dich vorbereiteten Sessel. Nun übernimmt der- oder diejenige, der/die zur *Gelila* aufgerufen wurde, die weitere Handlung. Sei dem-/derjenigen behilflich.

1. Für die *Gelila* (Zusammenrollung und Zusammenbindung der Torarolle) nimm die Spitzen der oberen Toragriffe und rolle die Rolle zusammen (mit der ständigen Hilfe des- oder derjenigen, die Hagba'ah gemacht hat.)

2. Wenn die Rolle zusammengerollt ist, hänge den Griff der Genesis-Seite (deine linke Seite) über der anderen Seite ein.

3. Nimm den *awnet* oder Torawimpel, befestige ihn um die Tora.

4. Eine Schärpe wird durch eine Schnalle geschlossen, ein Wimpel wird am Ende ineinandergesteckt, nachdem man ihn umgewickelt hat.

5. Lege den Mantel über die Tora. Prüfe, ob die Verzierungen vorne sind.

6. Dann hänge das Brustschild und den Torazeiger um.
(In einigen Synagogen wartet man damit, bis die Haftara gelesen wurde.)

Nachdem die *Gelila*-Person den anderen die Hand gegeben hat, setzt sie sich wieder auf ihren Platz. Die *Hagba'ah*-Person bleibt sitzen und hält die Tora auf ihrem Schoß bis der Zeitpunkt gekommen ist, die Rolle wieder in den Schrein zu stellen.

Hinweise

1. Gib jedem auf der *Bima* die Hand, nachdem du deine Alija beendet hast. Die Leute werden sagen: *„jascher koach!“* („Danke!“, wörtl: „Deine Kraft möge wachsen!“). Antworte: *„Baruch tihje!“* („Gesegnet sei sie!“)

יַשֵׁר כֹּחַ

בָּרוּךְ תִּהְיֶה

Wichtige Wörter und Wendungen

Awnet אַבְנֵט: Torabinder. Heißt machmal auch „Wimpel“.

Choschen חוֹשֶׁן: Silberschild auf der Vorderseite der Tora, das an das Brustschild des Priesters im Tempel erinnert.

Me'il מְעִיל: Toramantel.

Rimmon(im) רִימּוֹן: Von dem hebräischen Wort für Granatapfel. Sie wurden verwendet, um die Torarolle zu schmücken. Üblicherweise sind es Silberaufsätze mit Glöckchen, die auf die beiden Stangenenden gesteckt werden.

Jad יָד: Zeiger, der benutzt wird, um während der Toralesung auf Worte zu zeigen. Üblicherweise hat er am Ende die Form einer Hand mit ausgestrecktem Zeigefinger.

Literatur

Hayim Donin, To Pray as a Jew, New York 1980.

Lawrence A. Hoffman, Seder K'riat Hatorah (The Torah Service), My Peoples Prayer Book. Traditional Prayers, Modern Commentaries vol. 4, Woodstock, Vermont 2000.

Zum Tora-Schmuck und seiner Herkunft siehe W. Gunther Plaut, Die Tora in jüdischer Auslegung Band II, Exodus, Gütersloh 2000, S. 377-382.

Walter Rothschild, 99 Fragen zum Judentum, Gütersloh 2001, S. 114f. („Warum wird die Tora mit soviel Respekt und Ehrerbietung behandelt?“)

Hawdala

Verabschiedung des Schabbat

הַבְדָּלָה

Quelle

Verschiedene talmudische Quellen, u.a. Pessachim 103b. Siehe auch Schulchan Aruch, Orach Chajjim 196,1.

Informationen

1. Hebe das Weinglas hoch und sprich:

הִנֵּה אֵל יְשׁוּעָתִי, אֶבְטַח וְלֹא אֶפְחָד. כִּי עָזִּי וְזִמְרָת יָהּ יְיָ, וַיְהִי לִי לִישׁוּעָה. וּשְׁאַבְתֶּם מַיִם בְּשָׂשׂוֹן מִמַּעַיְנֵי הַיְשׁוּעָה. לַייָ הַיְשׁוּעָה עַל עַמְּךָ בִרְכָתֶךָ סֶּלָה. יְיָ צְבָאוֹת עִמָּנוּ, מִשְׂגָּב לָנוּ אֱלֹהֵי יַעֲקֹב, סֶלָה.

Gott ist meine Rettung; ich will Gott vertrauen und niemals verzagen. Denn Gott ist meine Stärke und mein Loblied. Gott wurde meine Hilfe. Ihr werdet Wasser schöpfen voller Freude aus den Quellen des Heils. Bei Gott findet man Hilfe; auf dein Volk komme Segen. Der Gott aller Geschöpfe ist bei uns, der Gott Jaakows ist unser Schutz.

לַיְּהוּדִים הָיְתָה אוֹרָה וְשִׂמְחָה וְשָׂשׂוֹן וִיקָר. כֵּן תִּהְיֶה לָּנוּ. כּוֹס יְשׁוּעוֹת אֶשָּׂא וּבְשֵׁם יְיָ אֶקְרָא.

Gib uns Licht und Freude, Fröhlichkeit und Geehrtsein, wie den Juden zur Zeit Esthers. Ich will den Kelch des Heils erheben und den Ruhm Gottes verkünden.

בָּרוּךְ אַתָּה יְיָ אֱלֹהֵינוּ מֶלֶךְ הָעוֹלָם בּוֹרֵא פְּרִי הַגָּפֶן:

Baruch atta adonai, elohenu melech ha-olam, bore pri ha-gafen.

Gepriesen seist du, Ewiger, unser Gott; du regierst die Welt. Du hast die Frucht des Weinstocks geschaffen.

2. Hebe dann die Gewürzdose hoch und sprich:

בָּרוּךְ אַתָּה יְיָ אֱלֹהֵינוּ מֶלֶךְ הָעוֹלָם בּוֹרֵא מִינֵי בְשָׂמִים:

Baruch atta adonai, elohenu melech ha-olam, bore mine wesamim.

Gepriesen seist du, Ewiger, unser Gott; du regierst die Welt. Du hast verschiedene Arten von Gewürzen geschaffen.

Rieche an den Gewürzen und reiche die Gewürzdose herum, so dass jeder an ihr riechen kann.

3. Rezitiere dann das Gebet über die Hawdala-Kerze:

בָּרוּךְ אַתָּה יְיָ אֱלֹהֵינוּ מֶלֶךְ הָעוֹלָם בּוֹרֵא מְאוֹרֵי הָאֵשׁ:

Baruch atta adonai, elohenu melech ha-olam, bore me-ore ha-esch.

Gepriesen seist du, Ewiger, unser Gott; du regierst die Welt. Du hast die Lichter des Feuers geschaffen.

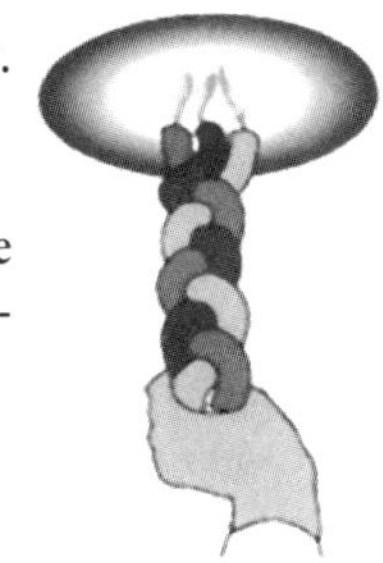

Während das Gebet rezitiert wird, halten alle in der Runde die Hände gegen das Licht und schauen durch die Fingernägel in die Flamme.

4. Schließlich sprich das Abschlussgebet:

בָּרוּךְ אַתָּה יְיָ אֱלֹהֵינוּ מֶלֶךְ הָעוֹלָם הַמַּבְדִּיל בֵּין קֹדֶשׁ לְחוֹל
בֵּין אוֹר לְחֹשֶׁךְ בֵּין יִשְׂרָאֵל לָעַמִּים, בֵּין יוֹם הַשְּׁבִיעִי לְשֵׁשֶׁת
יְמֵי הַמַּעֲשֶׂה: בָּרוּךְ אַתָּה יְיָ הַמַּבְדִּיל בֵּין קֹדֶשׁ לְחוֹל:

Baruch atta adonai, elohenu melech ha-olam, hamawdil ben kodesch le-chol, ben or lechoschech, ben Jisrael la-amim, ben jom ha-schwi'i leschechet j'me ha-ma'ase. Baruch atta adonai, ha-mawdil ben kodesch le-chol.

Gepriesen seist du, Ewiger, unser Gott; du regierst die Welt. Du trennst das Heilige vom Profanen, das Licht von der Finsternis, Israel von den Völkern, den siebten Tag von den übrigen sechs Werktagen. Gepriesen seist du, Ewiger. Du trennst das Heilige vom Profanen.

5. Viele Familien beschließen das Ritual mit dem Lied „Elijahu ha-Nawi".

אֵלִיָּהוּ הַנָּבִיא, אֵלִיָּהוּ הַתִּשְׁבִּי
אֵלִיָּהוּ, אֵלִיָּהוּ, אֵלִיָּהוּ הַגִּלְעָדִי.
בִּמְהֵרָה בְּיָמֵינוּ יָבֹא אֵלֵינוּ
עִם מָשִׁיחַ בֶּן דָּוִד.

Elijahu, ha-Nawi; Elijahu, ha-Tischbi,
Elijahu, Elijahu, Elijahu ha-Giladi,
Bimhera bejamenu jawo elenu
im maschiach ben Dawid.

Elijahu, der Nawi (Prophet); Elijahu aus Tischbi,
Elijahu, Elijahu, Elijahu der Giladi,
komm zu uns, wir sind bereit,
bring uns die Messias-Zeit.

6. Jeder nimmt einen Schluck Wein. Dann schütte etwas von dem übriggebliebenen Wein auf einen Teller (oder direkt in die Flamme) und lösche damit das Licht der Hawdala-Kerze.

Nun ist der Schabbat vorbei. Wir wünschen einander *„Schawua tow"* „Eine gute Woche". Viele Leute pflegen diesen Wunsch zu singen.

שָׁבוּעַ טוֹב

Hinweise

1. Hawdala wird frühestens eine Stunde nach Sonnenuntergang am Samstagabend gesagt, wenn die ersten drei Sterne am Himmel zu sehen sind.

2. Man braucht:
   eine Hawdala-Kerze,
   ein Glas Wein,
   einen Behälter mit Gewürzen

3. Bei vielen ist es Brauch, dass der/die jüngste Anwesende die Kerze hält.

Wichtige Wörter und Wendungen

Besamim בְּשָׂמִים: Gewürze.
Melaweh Malka מְלַוֵּה מַלְכָּה: Ausgangsgeleit der Königin. Es ist ein kleines Mahl oder eine kleine Party am Samstagabend nach Hawdala in einigen traditionellen jüdischen Gemeinden.
Ner Hawdala נֵר הַבְדָּלָה: Eine geflochtene Hawdala-Kerze.

Literatur

Ron Isaacs, Shabbat Delight: A Celebration in Stories, Songs and Games, Hoboken 1987.
Ron Wolfson, The Art of Jewish Living: The Shabbat Seder, Los Angelos 1985.
Ruth Perelson, An Invitation to Shabbat, New York 1997 (Noten und CD).
Walter Rothschild, 99 Fragen zum Judentum, Gütersloh 2001, S. 104f.

Hebräischer Name

שֵׁם עִבְרִי

Quelle

נִבְחָר שֵׁם מֵעֹשֶׁר רָב:

Besser einen guten Namen wählen als großen Reichtum.
(Sprüche 22,1)

Informationen

1. Es gibt 2800 Personennamen in der Bibel. Einige davon werden Kindern bis heute gegeben. Alle hebräischen Namen haben Bedeutungen.

אֵל , אֵלִי
יָה , יָהוּ

2. Hebräische Namen mit der Vor- oder Nachsilbe *el, eli, ja* und *jahu* beziehen sich auf Gott.

דְּבוֹרָה
יוֹנָה

3. Viele hebräische Namen entstammen der Natur, zum Beispiel Debora („Biene“) oder Jona („Taube“).

דָּוִד
לִיאוֹרָה
שִׁירָה

4. Der übliche Brauch in der Diaspora ist es, Kindern sowohl einen bürgerlichen als auch einen hebräischen Namen zu geben. Manchmal sind beide Namen identisch.

5. Wenn du Rat brauchst bei deiner Namensforschung frage einen Rabbiner, eine Rabbinerin, einen Kantor oder eine Kantorin oder schlage ihn in den hebräischen Namenswörterbüchern nach).

Einige häufig benutzte biblische Namen

אַהֲרוֹן Aharon, Aaron „Singend“ oder „Lehrend“ (?)

אַבְרָהָם Awraham, Abraham „Vater einer großen Menge“

אָדָם	Adam	„Rote Erde“
עָמוֹס	Amos	„belastet“
בִּנְיָמִין	Benjamin	„Sohn meiner Rechten“
דָּנִיאֵל	Daniel	„Gott ist mein Richter“
דְּבוֹרָה	Debora	„Biene“
דִּינָה	Dina	„Urteil“
עִמָּנוּאֵל	Emanuel	„Gott ist mit uns“
אֶסְתֵּר	Esther	„Stern“
חַנָּה	Channa, Hanna	„barmherzig“
יַעֲקֹב	Jaakow, Jakob	„Fersenhalter“
יוֹנָתָן	Jonathan	„Gottesgeschenk“
יוֹאֵל	Joel	„Gott ist willens“
יוֹסֵף	Josef	„Er wird hinzufügen“
יְהוּדִית	Judit	„Jüdin“
מִיכָאֵל	Michael	„Wer ist wie Gott?"
מִרְיָם	Mirjam	„Bitterwasser“
רָחֵל	Rachel, Rahel	„Mutterschaf“
רִבְקָה	Riwka, Rebekka	„binden“
רוּת	Ruth	„Freundschaft“
שְׁמוּאֵל	Sch’muel, Samuel	„Gott hat gehört“
שָׂרָה	Sara	„Fürstin“

Hinweise

1. In der Regel werden Namen ohne tiefgehende logische Begründung gegeben. Es gibt also keine Regeln.

2. In einigen Gemeinden sind bestimmte Sitten üblich. Aschkenasische Juden zum Beispiel benennen Kinder nicht nach lebenden Personen, sondern nur zum Gedenken an eine verstorbene Person. Sefardische

Juden jedoch haben ein System, mit der Benennung von Kindern Zeitgenossen zu ehren (angefangen vom Großvater väterlicherseits).

Wichtige Wörter und Wendungen

Schem שֵׁם (Plural *Schemot* שֵׁמוֹת): Name.

Literatur

Anita Diamant, The Jewish Baby Book, New York 1988.

Heinrich und Eva Guggenheimer, Jewish Family Names and Their Origines: An Etymological Dictionary, Hoboken, N.J. 1992.

Benzion C. Kaganoff, A Dictionary of Jewish Names and Their History, New York 1977.

Alfred J. Kolatch, The Name Dictionary, New York 1967.

O. Odelain; R. Séguineau, Lexikon der biblischen Eigennamen, Düsseldorf/Neukirchen-Vluyn 1981.

Ein Beispieleintrag aus
Jewish Family Names and Their Origines: An Etymological Dictionary:

Schif, Schiff, Shief, Shieff, Shif, Shiff, שיף, "ship" (M.H.G., G.), transl. Hung. *hajó* (**Hajos**), Pol. *okręt* (**Okrent**), Russ. судно *sudno* (**Sudnovsky**); G. synonym **Nauen**. In Frankfurt/Main priestly family, descendants of Aberle Schiff ("ship", G.), son of Benedict Kahn ("boat", G.). Otherwise matr. from Shifke, Ashk. כ. for Bibl. n. Shifra ("the beautiful", *Ex.* 1:15). Comp. **Schiffeldrim, Shiffeldrim;bĭ** (cf. M.H.G. *schipfe* "shovel, digging stick", *drum* "splinter, end piece"), **Schiffenbauer** (G. *Schiffbauer* "shipbuilder"), **Schifer, Schiffer** ("skipper" G.), **Shifer, Shiffer, Schiffman, Schiffmann, Schifman** ["skipper" M.H.G., cf. **Sternik** (Pol.), **Steuerman** (G.), **Sturman** (Russ.)], **Shiffman, Shifman, Schifter, Shifter.** Matr. of Shifra: **Schifrin, Shifrin, Shifrine, Schifris, Shifris, Shifriss.**

Hora

הוֹרָה

Quelle

Die ersten jüdischen Siedler in Israel, die sogenannten *Chaluzim* (Pioniere), brachten den Tanz, den man „Hora“ nennt, aus Osteuropa mit nach Israel.

Informationen

Die Teilnehmenden bilden einen Kreis und legen ihre Hände auf die Schultern der Nachbarn oder halten einander an den Händen.

1

Mach einen Schritt nach rechts mit dem rechten Fuß.

2

Setze den linken Fuß hinter den rechten.

3

Mach einen Schritt nach rechts mit dem rechten Fuß.

4

Hüpfe auf dem rechten Fuß.

5

Mach einen Schritt nach links mit dem linken Fuß.

6

Hüpfe auf dem linken Fuß.

Hinweise

Die Hora ist wohl der bekannteste jüdische Volkstanz.

Wichtige Wörter und Wendungen

Rikud רִקּוּד: Tanz.

Literatur

Fred Berk, Ha-Rikud: The Jewish Dance, New York 1972.

Jahrzeitlicht

נֵר זִכָּרוֹן

Quelle

נֵר יְהֹוָה נִשְׁמַת אָדָם

Es gibt viele mögliche Quellen für diesen Brauch, unter anderem Sprüche 20,27: „Ein Licht des Ewigen ist des Menschen Seele“.

Informationen

1. Es gibt keine festen Rituale für das Anzünden einer Gedenkkerze, doch das Entzünden sollte in einem andächtigen Rahmen geschehen. Daher empfehlen wir, vor dem Enzünden Folgendes zu sprechen oder nur zu lesen:

Gott, gib uns Kraft. Wir trauern über den Verlust von ... Wir haben sie/ihn in liebevoller Erinnerung. Segne unsere Familie mit Licht und Frieden. Möge die Erinnerung an ... weiterhin ein Segen sein. Mögen alle, die sie/ihn kannten und liebten, von ihrem/seinem Vorbild lernen.

2. Entzünde das Jahrzeitlicht.

3. Dann sprich:

זִכְרוֹנוֹ (זִכְרוֹנָה) לִבְרָכָה

Sichrono (Sichrona) liwracha
Die Erinnerung an ihn (an sie) sei zum Segen.

4. Oft wird zu diesem Zeitpunkt auch das Kaddisch und/oder *El Male Rachamim* (eine Bitte um die Ruhe der Seele) gebetet.

Kaddisch der Trauernden

יִתְגַּדַּל וְיִתְקַדַּשׁ שְׁמֵהּ רַבָּא בְּעָלְמָא דִּי בְרָא כִרְעוּתֵהּ וְיַמְלִיךְ
מַלְכוּתֵהּ בְּחַיֵּיכוֹן וּבְיוֹמֵיכוֹן וּבְחַיֵּי דְכָל בֵּית יִשְׂרָאֵל, בַּעֲגָלָא
וּבִזְמַן קָרִיב וְאִמְרוּ אָמֵן: יְהֵא שְׁמֵהּ רַבָּא מְבָרַךְ לְעָלַם וּלְעָלְמֵי
עָלְמַיָּא: יִתְבָּרַךְ וְיִשְׁתַּבַּח וְיִתְפָּאַר וְיִתְרוֹמַם וְיִתְנַשֵּׂא וְיִתְהַדָּר
וְיִתְעַלֶּה וְיִתְהַלָּל שְׁמֵהּ דְקוּדְשָׁא, בְּרִיךְ הוּא לְעֵלָּא (בעשי״ת
וּלְעֵלָּא מִכָּל) מִן כָּל בִּרְכָתָא וְשִׁירָתָא, תֻּשְׁבְּחָתָא וְנֶחֱמָתָא,
דַּאֲמִירָן בְּעָלְמָא, וְאִמְרוּ אָמֵן: יְהֵא שְׁלָמָא רַבָּא מִן שְׁמַיָּא וְחַיִּים
עָלֵינוּ וְעַל כָּל יִשְׂרָאֵל וְאִמְרוּ אָמֵן: עוֹשֶׂה שָׁלוֹם בִּמְרוֹמָיו הוּא
יַעֲשֶׂה שָׁלוֹם עָלֵינוּ וְעַל כָּל יִשְׂרָאֵל וְאִמְרוּ אָמֵן:

Jigadal we-jitgadasch schme raba be-alma di wra kir'ute' wejamlich malchute' bechajechon uwejomechn uwechaje dechol bet Jisrael ba-agala uwisman kariw, we-imru: amen. Jehe schme raba meworach lealam ulealme almaja. Jitbarach wejischtabach wejitpa-ar wejitromam wejitnase wejithadar wejitale wejithalal schme dkudscha, brich hu, le-ela min kol birchata weschirata, tuschbechata wenechemata, da-amiran be-alma, weimru: amen. Jehe schlama raba min schmaja, wechaim alenu we-al kol jirael, we-imru: amen. Ose schalom bimromaw, hu ja-ase schalom, alenu we-al kol jisrael, weimru: amen.

Verherrlicht und geheiligt werde Gottes großer Name in der Welt, die Gott nach eig'nem Ratschluss schuf. Gottes Reich erstehe in eurem Leben und zu euren Zeiten und im Leben ganz Israels schnell und bald.
Darauf sprecht: So sei es.
Gottes großer Name sei gepriesen, immerzu und bis in Ewigkeit!
Gottes Name sei gepriesen und gelobt, Gottes Name sei verherrlicht und erhoben. Gottes Name sei verehrt und gerühmt, Gottes Name sei gefeiert und besungen. Gepriesen sei er über allem Lob und jedem Lied, hoch über allem Preis und jedem Trost der Welt.
Darauf sprecht: So sei es.
Frieden in Fülle komme vom Himmel, Leben für uns und ganz Israel.
Darauf sprecht: So sei es.
Gott schafft Frieden in der Höhe. Möge Gott uns und ganz Israel Frieden geben. Darauf sprecht: So sei es.

El Male Rachamim

Für einen Mann:

אֵל מָלֵא רַחֲמִים, שׁוֹכֵן בַּמְּרוֹמִים, הַמְצֵא מְנוּחָה נְכוֹנָה
תַּחַת כַּנְפֵי הַשְּׁכִינָה, בְּמַעֲלוֹת קְדוֹשִׁים וּטְהוֹרִים כְּזֹהַר הָרָקִיעַ
מַזְהִירִים, אֶת־נִשְׁמַת __ בֶּן ___ שֶׁהָלַךְ לְעוֹלָמוֹ, בְּגַן עֵדֶן
תְּהֵא מְנוּחָתוֹ. אָנָּא, בַּעַל הָרַחֲמִים הַסְתִּירֵהוּ בְּסֵתֶר כְּנָפֶיךָ
לְעוֹלָמִים, וּצְרוֹר בִּצְרוֹר הַחַיִּים אֶת־נִשְׁמָתוֹ, יְיָ הוּא נַחֲלָתוֹ,
וְיָנוּחַ בְּשָׁלוֹם עַל מִשְׁכָּבוֹ, וְנֹאמַר אָמֵן:

El male rachamim, schochen bameromim, hameze menucha nechona tachat kanfe haschchina, bema-alot kedochim utehorim kesohar haraki-a mas'hirim, et-nischmat ... ben ..., schehalach le-olamaw, began eden tehe menuchato. Ana, ba-al harachamim hastirehu beseter kenafecha leolamim, uzror bizror hachajim et nischmato, adonai hu nachalato, wejanuach beschalom al mischkawo, wenomar amen.

Gott in der Höhe, bei dir ist Barmherzigkeit in Fülle. Lass die Seele von ..., die nun in die Ewigkeit eingekehrt ist, ungestört in deiner Gegenwart ruhen. Lass seine Seele wie die Lichter am Himmel leuchten, zusammen mit den Heiligen und Reinen in der Höhe. Gott voller Barmherzigkeit, lass seine Seele bis in Ewigkeit in deiner Gegenwart geborgen sein. Nimm sein Leben auf in den Bund des Lebens. Gott, du bist sein Schicksal. Lass ihn an seiner Ruhestatt in Frieden ruhen. Darauf sprecht: Amen.

Für eine Frau:

אֵל מָלֵא רַחֲמִים, שׁוֹכֵן בַּמְּרוֹמִים, הַמְצֵא מְנוּחָה נְכוֹנָה
תַּחַת כַּנְפֵי הַשְּׁכִינָה, בְּמַעֲלוֹת קְדוֹשִׁים וּטְהוֹרִים כְּזֹהַר הָרָקִיעַ
מַזְהִירִים, אֶת־נִשְׁמַת __ בַּת ___ שֶׁהָלְכָה לְעוֹלָמָהּ, בְּגַן עֵדֶן
תְּהֵא מְנוּחָתָהּ. אָנָּא, בַּעַל הָרַחֲמִים הַסְתִּירֶהָ בְּסֵתֶר כְּנָפֶיךָ
לְעוֹלָמִים, וּצְרוֹר בִּצְרוֹר הַחַיִּים אֶת־נִשְׁמָתָהּ, יְיָ הוּא נַחֲלָתָהּ,
וְתָנוּחַ בְּשָׁלוֹם עַל מִשְׁכָּבָהּ, וְנֹאמַר אָמֵן:

El male rachamim, schochen bameromim, hameze menucha nechona tachat kanfe haschchina, bema-alot kedochim utehorim kesohar haraki-a mas'hirim, et-nischmat ... bat ..., schehalcha le-olama', began eden tehe menuchata'. Ana, ba-al harachamim hastireha beseter kenafecha leolamim, uzror bizror hachajim et nischmata', adonai hu nachalata', wetanuach beschalom al mischkawa', wenomar amen.

Gott in der Höhe, bei dir ist Barmherzigkeit in Fülle. Lass die Seele von ..., die nun in die Ewigkeit eingekehrt ist, ungestört in deiner Gegenwart ruhen. Lass ihre Seele wie die Lichter am Himmel leuchten, zusammen mit den Heiligen und Reinen in der Höhe. Gott voller Barmherzigkeit, lass ihre Seele bis in Ewigkeit in deiner Gegenwart geborgen sein. Nimm ihr Leben auf in den Bund des Lebens. Gott, du bist ihr Schicksal. Lass sie an ihrer Ruhestatt in Frieden ruhen. Darauf sprecht: Amen.

Hinweise

1. Entzünde das Jahrzeitlicht am Abend nach Sonnenuntergang am Tag der Jahrzeit und zum Jiskor an Festtagen. Versichere dich, dass die Kerze 24 Stunden lang brennt.

2. Wenn die Kerze länger als 24 Stunden brennt, lass sie brennen. Lösche sie nicht aus.

3. Wenn du vergessen haben solltest, die Kerze am Abend zu entzünden, enzünde sie am Morgen.

4. Wenn du es vollkommen vergessen haben solltest, die Kerze zu entzünden, leiste einen Beitrag zur Zedaka (siehe das Kapitel „Zedaka")

Wichtige Wörter und Wendungen

Jahrzeit יָארְצַײט: Jiddische Bezeichnung für den Jahrestag des Todes einer Person. Bei sefardischen Juden heißt dieser Tag *anos*.

Jiskor יִזְכֹּר: Wörtlich: Möge er (Gott) gedenken. Bezeichnung des Gedenkgottesdienstes.

Literatur

Ron Isaacs, Kerry Olitzky, The Jewish Mourner's Handbook, Hoboken, N.J. 1991.

Walter Rothschild, 99 Fragen zum Judentum, Gütersloh 2001, S. 52.

Kerzenanzünden הַדְלָקַת נֵרוֹת für Schabbat und Festtage

Quelle

Exodus 20,8, Deuteronomium 5,12

זָכוֹר (שָׁמוֹר) אֶת יוֹם הַשַּׁבָּת לְקַדְּשׁוֹ.

Erinnere dich an (Beachte) den Ruhetag, um ihn zu heiligen.

Informationen

1. Die Kerzen werden (gemäß der Halacha) anderthalb Stunden bis 18 Minuten vor Sonnenuntergang entzündet.

2. Entzünde die Kerzen.

3. Bewege deine Hände um das Licht der Kerzen herum und zu deinem Gesicht hin. Mache diese Bewegung ein- bis siebenmal. (Die meisten machen es dreimal.)

4. Bedecke deine Augen mit deinen Händen und sprich oder singe dabei:

בָּרוּךְ אַתָּה יְיָ אֱלֹהֵינוּ מֶלֶךְ הָעוֹלָם
אֲשֶׁר קִדְּשָׁנוּ בְּמִצְוֹתָיו
וְצִוָּנוּ לְהַדְלִיק נֵר שֶׁל שַׁבָּת:

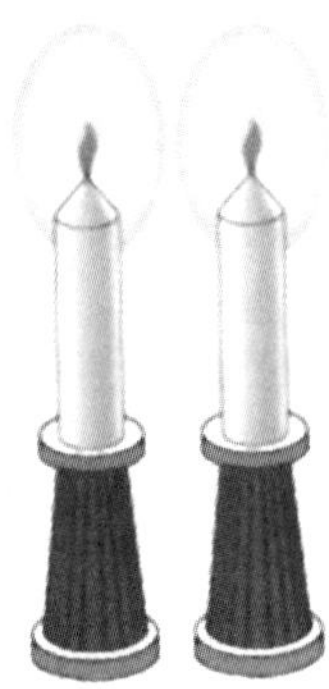

Baruch atta adonai, elohenu melech ha-olam,
ascher kidschanu be-mitzwotaw,
weziwanu le-hadlik ner schel schabbat.

Gepriesen seist du, Ewiger, unser Gott; du regierst die Welt. Du hast uns durch deine Gebote geheiligt und hast uns aufgetragen, die Schabbatlichter zu entzünden.

Das Gebet für einen Festtag ist:

בָּרוּךְ אַתָּה יְיָ אֱלֹהֵינוּ מֶלֶךְ הָעוֹלָם אֲשֶׁר קִדְּשָׁנוּ בְּמִצְוֹתָיו
וְצִוָּנוּ לְהַדְלִיק נֵר שֶׁל (שַׁבָּת וְשֶׁל) יוֹם טוֹב:

Baruch atta adonai, elohenu melech ha-olam, ascher kidschanu bemizwotaw weziwanu lehadlik ner schel jom tow.

Gepriesen seist du, Ewiger, unser Gott; du regierst die Welt. Du hast uns durch deine Gebote geheiligt und hast uns aufgetragen, die Festtagslichter zu entzünden.

Das Gebet für Jom Kippur ist:

בָּרוּךְ אַתָּה יְיָ אֱלֹהֵינוּ מֶלֶךְ הָעוֹלָם אֲשֶׁר קִדְּשָׁנוּ בְּמִצְוֹתָיו
וְצִוָּנוּ לְהַדְלִיק נֵר שֶׁל (שַׁבָּת וְשֶׁל) יוֹם הַכִּפּוּרִים:

Baruch atta adonai, elohenu melech ha-olam, ascher kidschanu bemizwotaw weziwanu lehadlik ner schel (schabbat weschel) jom hakippurim.

Gepriesen seist du, Ewiger, unser Gott; du regierst die Welt. Du hast uns durch deine Gebote geheiligt und uns aufgetragen, die (Schabbatlichter und die) Jom Kippur Lichter zu entzünden.

Hinweise

1. Die Kerzen werden entzündet für den Frieden im Haus und zur Schabbat- bzw. Festtagsfreude.

2. Tradionell entzünden Frauen die Kerzen, aber auch Männer sollten dies tun.

3. Man soll zwei Kerzen entzünden, es ist aber nicht verboten, mehr zu entzünden. Osteuropäische Familien entzündeten oft mehr, eine für jedes Kind. Dies ist eine Interpretation des Bibelverses: „Gott segnete den siebten Tag“ (Gen 2,3). Womit? Mit Licht. Wenn du einmal ein bestimmtes Ritual für dich eingeführt hast, entzünde dieselbe Menge Kerzen jede Woche.

4. Wenn keine Kerzen erhältlich sind, kannst du das Gebet auch über elektrisches Licht sprechen oder über eine Gasflamme etc.

Wichtige Wörter und Wendungen

Hadlakat nerot הַדְלָקַת נֵרוֹת: Kerzenanzünden.
Ner נֵר. (Plural: *Nerot* נֵרוֹת): Kerze.

Literatur

Malka Drucker, Shabbat, a Peaceful Island, New York 1983.
Ronald H. Isaacs, Shabbat Delight, Hoboken, N.J. 1987.
Isaac Klein, A Guide to Jewish Religious Practice, New York 1979.
Abraham Milgram, The Shabbat Anthology, Philadelphia 1944.
Mark Dov Shapiro, Gates of Shabbat, New York 1991.
Ruth Perelson, An Invitation to Shabbat, New York 1997 (mit Noten und CD)

Kidusch für Schabbat

Heiligung des Schabbat קִדּוּשׁ לְשַׁבָּת

Quelle

Es gibt verschiedene Quellen, darunter Exodus/Schemot 20,8:

זָכוֹר אֶת יוֹם הַשַּׁבָּת לְקַדְּשׁוֹ׃

Erinnere dich an (Beachte) den Ruhetag, um ihn zu heiligen.

Informationen

1. Hebe ein Weinglas hoch, das bis zum Rand gefüllt ist.

2. Sprich (oder singe) Folgendes:

Tora-Zitat

וַיְכֻלּוּ הַשָּׁמַיִם וְהָאָרֶץ וְכָל־צְבָאָם׃ וַיְכַל אֱלֹהִים בַּיּוֹם הַשְּׁבִיעִי
מְלַאכְתּוֹ אֲשֶׁר עָשָׂה. וַיִּשְׁבֹּת בַּיּוֹם הַשְּׁבִיעִי מִכָּל־מְלַאכְתּוֹ
אֲשֶׁר עָשָׂה׃ וַיְבָרֶךְ אֱלֹהִים אֶת־יוֹם הַשְּׁבִיעִי וַיְקַדֵּשׁ אתו. כִּי
בוֹ שָׁבַת מִכָּל מְלַאכְתּוֹ אֲשֶׁר־בָּרָא אֱלֹהִים לַעֲשׂוֹת׃

Wajechulu haschamajim weha-aretz wechol zewa-am. Wajechal elohim bajom haschwi-i michol mlachto ascher assa. wajebarech elohim et jom haschwi-i wajekadesch oto. Ki wo schawat mikol mlachto ascher bara elohim la-asot.

Da wurden vollendet die Himmel, die Erde und ihr ganzes Heer. So hatte Gott am siebenten Tage sein Werk vollendet, das er gemacht; er ruhte am siebten Tage von all seinem Werk, das er gemacht. Er segnete den siebten Tag und heiligte ihn. Denn an demselben ruhte Gott von allem Werk, das er erschaffen und gemacht hatte.

Lobspruch für den Wein

בָּרוּךְ אַתָּה יְיָ אֱלֹהֵינוּ מֶלֶךְ הָעוֹלָם בּוֹרֵא פְּרִי הַגָּפֶן׃

Baruch atta adonai, elohenu melech ha-olam, bore pri ha-gafen.

Gepriesen seist du, Ewiger, unser Gott; du regierst die Welt. Du hast die Frucht des Weinstocks geschaffen.

Lobspruch für den Tag

בָּרוּךְ אַתָּה יְיָ אֱלֹהֵינוּ מֶלֶךְ הָעוֹלָם אֲשֶׁר קִדְּשָׁנוּ בְּמִצְוֹתָיו
וְרָצָה בָנוּ וְשַׁבַּת קָדְשׁוֹ בְּאַהֲבָה וּבְרָצוֹן הִנְחִילָנוּ זִכָּרוֹן לְמַעֲשֵׂה
בְרֵאשִׁית. כִּי הוּא יוֹם תְּחִלָּה לְמִקְרָאֵי קֹדֶשׁ זֵכֶר לִיצִיאַת
מִצְרָיִם: כִּי בָנוּ בָחַרְתָּ וְאוֹתָנוּ קִדַּשְׁתָּ מִכָּל הָעַמִּים. וְשַׁבַּת
קָדְשְׁךָ בְּאַהֲבָה וּבְרָצוֹן הִנְחַלְתָּנוּ: בָּרוּךְ אַתָּה יְיָ מְקַדֵּשׁ הַשַּׁבָּת:

Baruch atta adonai, elohenu melech ha-olam, ascher kidschanu bemitwzotaw weraza banu weschabat kodscho beahawa uwrazon hinchilanu sikaron lema-ase bereschit. Ki hu jom techila lemikra-e kodesch secher liziat mizrajim. Ki wanu bacharta weotanu kidaschta mikol ha-amim, weschabat kodschcha beahawa uwrazon hinchaltanu. Baruch atta adonai, mekadesch ha-schabat.

Gepriesen seist du, Ewiger, unser Gott; du regierst die Welt. Du hast uns durch deine Gebote geheiligt. Du hast Gefallen an uns. Du lässt uns teilhaben an deinem heiligen Ruhetag, der daran erinnert, dass du alles geschaffen hast. Er ist der erste Tag der „Tage heiliger Versammlung“, eine Erinnerung an den Auszug aus Ägypten. Du hast uns dazu erwählt, heilig zu sein unter allen Völkern. Du lässt uns in Liebe und Wohlgefallen teilhaben an deinem heiligen Ruhetag. Gepriesen seist du, Ewiger. Du hast den Schabbat geheiligt.

3. Dann trinke den Wein.

Hinweise

1. Am Schabbatmorgen singe als Tora-Zitat *Weschamru*, dann sprich einen etwas abgeänderten Lobspruch für den Wein (nicht über den Tag).

וְשָׁמְרוּ בְנֵי־יִשְׂרָאֵל אֶת־הַשַּׁבָּת, לַעֲשׂוֹת אֶת־הַשַּׁבָּת לְדֹרֹתָם
בְּרִית עוֹלָם: בֵּינִי וּבֵין בְּנֵי יִשְׂרָאֵל אוֹת הִיא לְעֹלָם, כִּי־שֵׁשֶׁת
יָמִים עָשָׂה יְיָ אֶת־הַשָּׁמַיִם וְאֶת־הָאָרֶץ, וּבַיּוֹם הַשְּׁבִיעִי שָׁבַת
וַיִּנָּפַשׁ:

Weschamru wne Jisrael et ha schabat, la-asot et ha-schabat ledorotam brit olam. Beni uwen Bne Jisrael ot hi le-olam, ki scheschet jamim asa adonai et-haschamajim we-et ha-aretz, uwajom haschwi-i schawat wajinafasch.

Die Kinder Jisraels sollen also den Schabbat beachten, dass sie nämlich den Schabbat bei allen ihren Nachkommen halten als einen ewigen Bund. Zwischen mir und den Kindern Jisraels soll der Schabbat ein Zeichen sein auf ewig. Denn in sechs Tagen hat der Ewige den Himmel und die Erde gemacht. Am siebten Tage aber hat er gefeiert und sein Ziel erreicht.

עַל כֵּן בֵּרַךְ יְיָ אֶת־יוֹם הַשַּׁבָּת וַיְקַדְּשֵׁהוּ׃

Al ken berach Adonai et jom ha-Schabbat wajekadschehu.

Deshalb hat der Ewige den Schabbattag gesegnet und ihn für heilig erklärt.

בָּרוּךְ אַתָּה יְיָ אֱלֹהֵינוּ מֶלֶךְ הָעוֹלָם בּוֹרֵא פְּרִי הַגָּפֶן׃

Baruch atta adonai, elohenu melech ha-olam, bore pri ha-gafen.

Gepriesen seist du, Ewiger, unser Gott; du regierst die Welt. Du hast die Frucht des Weinstocks geschaffen.

2. Denke daran, nach dem Gebet den Wein zu trinken, ohne dazwischen zu reden.

3. An einem Festtag sprich nach dem Lobspruch über den Wein den folgenden Lobspruch über den Tag:

בָּרוּךְ אַתָּה יְיָ אֱלֹהֵינוּ מֶלֶךְ הָעוֹלָם אֲשֶׁר בָּחַר בָּנוּ מִכָּל־עָם וְרוֹמְמָנוּ מִכָּל לָשׁוֹן, וְקִדְּשָׁנוּ בְּמִצְוֹתָיו.

Baruch atta adonai, elohenu melech ha-olam, ascher bachar banu mikol am weromemanu mikol laschon, wekidschanu bemizwotaw.

Gepriesen seist du, Ewiger, unser Gott; du regierst die Welt. Du hast uns aus allen Völkern erwählt und über alle Nationen erhöht und uns durch deine Gebote geheiligt.

וַתִּתֶּן לָנוּ יְיָ אֱלֹהֵינוּ בְּאַהֲבָה, (שַׁבָּתוֹת לִמְנוּחָה וּ) מוֹעֲדִים לְשִׂמְחָה, חַגִּים וּזְמַנִּים לְשָׂשׂוֹן, אֶת יוֹם (הַשַּׁבָּת הַזֶּה וְאֶת יוֹם)

Watiten lanu adonai elohenu beahawa (schabatot limnucha u)moadim lesimcha, chagim usmanim lesason, et jom (haschabat hase we-et jom)
...
Ewiger, unser Gott, du schenkst uns in deiner Liebe (Schabbattage, an denen wir Ruhe finden,) Zeiten, zu denen wir fröhlich sind, und Feste und Augenblicke, an denen wir uns freuen. Du schenkst uns ...

חַג הַמַּצּוֹת הַזֶּה, זְמַן חֵרוּתֵנוּ

chag hamatzot hase, sman cherutenu

dieses Fest der ungesäuerten Brote, das Fest unserer Freiheit.

חַג הַשָּׁבוּעוֹת הַזֶּה, זְמַן מַתַּן תּוֹרָתֵנוּ

chag ha-schawuot hase, sman matan toratenu.

dieses Wochenfest, das Fest der Toragabe.

חַג הַסֻּכּוֹת הַזֶּה, זְמַן שִׂמְחָתֵנוּ

chag ha-sukkot hase, sman simchatenu

dieses Laubhüttenfest, ein Freudenfest.

הַשְּׁמִינִי חַג הָעֲצֶרֶת הַזֶּה, זְמַן שִׂמְחָתֵנוּ

schemini chak ha-azeret, sman simchatenu

dieses Schlussfest, ein Freudenfest.

מִקְרָא קֹדֶשׁ זֵכֶר לִיצִיאַת מִצְרָיִם.

Mikra kodesch, secher liziat mizrajim.

eine heilige Versammlung, eine Erinnerung an den Auszug aus Ägypten.

כִּי בָנוּ בָחַרְתָּ וְאוֹתָנוּ קִדַּשְׁתָּ מִכָּל־הָעַמִּים, (וְשַׁבָּת) וּמוֹעֲדֵי קָדְשֶׁךָ (בְּאַהֲבָה וּבְרָצוֹן) בְּשִׂמְחָה וּבְשָׂשׂוֹן הִנְחַלְתָּנוּ: בָּרוּךְ אַתָּה יְיָ מְקַדֵּשׁ (הַשַּׁבָּת וְ) יִשְׂרָאֵל וְהַזְּמַנִּים:

Ki wanu wacharta we-otanu kidaschta mikol ha-amim, (weschabat) umo-ade kodschecha (beahawa uwrazon) besimcha uwsason hinchaltanu. Baruch ata adonai, mekadesch (haschabat w)Jisrael wehasmanim.

Du hast uns erwählt und vor allen Völkern geheiligt. (In Liebe und in Wohlgefallen,) mit Fröhlichkeit und Freude lass uns, Gott, uns (den Schabbat und) diese heilige Zeit zu Eigen machen, und lass an ihm ganz Israel, das dich sucht, sich freuen. Gepriesen seist du, Ewiger. Du hast (den Schabbat,) Israel und die Festzeiten geheiligt.

Wichtige Wörter und Wendungen

Kidusch קִדּוּשׁ: Von dem hebräischen Wort für „heilig“ oder „abgesondert“. Ein Gebet um eine Zeit oder einen Ort zu heiligen/abzusondern.

Kos כּוֹס: Kelch.

Jajin יַיִן: Wein

Literatur

Malka Drucker, Shabbat, a Peaceful Island, New York 1983.

Ronald H. Isaacs, Shabbat Delight, Hoboken, N.J. 1987.

Abraham Milgram, The Shabbat Anthology, Philadelphia 1944.

Mark Dov Shapiro, Gates of Shabbat, New York 1991.

Ruth Perelson, An Invitation to Shabbat, New York 1997 (Noten und CD)

Lulaw

אַרְבַּע מִינִים

»Vier Arten«

Quelle

וּלְקַחְתֶּם לָכֶם בַּיּוֹם הָרִאשׁוֹן פְּרִי עֵץ הָדָר כַּפֹּת תְּמָרִים וַעֲנַף עֵץ־עָבֹת וְעַרְבֵי־נָחַל וּשְׂמַחְתֶּם לִפְנֵי יְיָ אֱלֹהֵיכֶם שִׁבְעַת יָמִים׃

Am ersten Tag nehmt ihr die Frucht vom Baum *Hadar* (Etrog), Palmzweige, einen Ast vom Baum *Awot* (Hadass, Myrte) und Bachweiden und seid fröhlich vor dem Ewigen, eurem Gott, sieben Tage. (Levitikus/Wajikra 23,40)

Informationen

Auf Folgendes ist zu achten:

1. Die „vier Arten" bestehen aus *lulaw* (Palmzweig), *etrog* (Zitrusfrucht), *hadass* (Myrte) und *arawa* (Weide).

לוּלָב
אֶתְרוֹג
הֲדַס
עֲרָבָה

2. Der *etrog* sollte sich nach oben hin zuspitzen. Seine Oberfläche sollte rau sein. Die Form des *etrog* sollte symmetrisch sein, so dass die Blüte *(pitom)* genau über dem Stilansatz ist. Der *etrog* sollte keine Flecken oder Pickel auf der Schale haben. Die Farbe soll gelb sein.

3. Der *lulaw* sollte frisch und gerade sein und seine Blätter sollten sich nicht abspreizen. Die Spitze darf nicht abgebrochen sein. Der Lulaw muss eine Länge von mindestens 40 cm haben.

4. Die Myrten- und die Weidenzweige sollten grün und frisch sein. Die Blätter dürfen nicht beschädigt sein. Die Zweige sollten in der Regel eine Länge von 30 cm haben.

So setzt man die „vier Arten“ zusammen:

1. Stecke den *lulaw* in den wie ein Ypsilon geformten Behälter.

2. Halte den Behälter so, dass der Grat des *lulaw* auf dich hinzeigt. (Der Grat ist die grüne Linie, die an dem Palmzweig von oben nach unten verläuft.) Stecke vorsichtig drei Myrten-Zweige in den rechten und zwei Weidenzweige in den linken Teil des wie ein Ypsilon geformten Behälters.

3. Entferne einige Blätter von dem *lulaw* und wickle sie an drei Stellen um den *lulaw*.

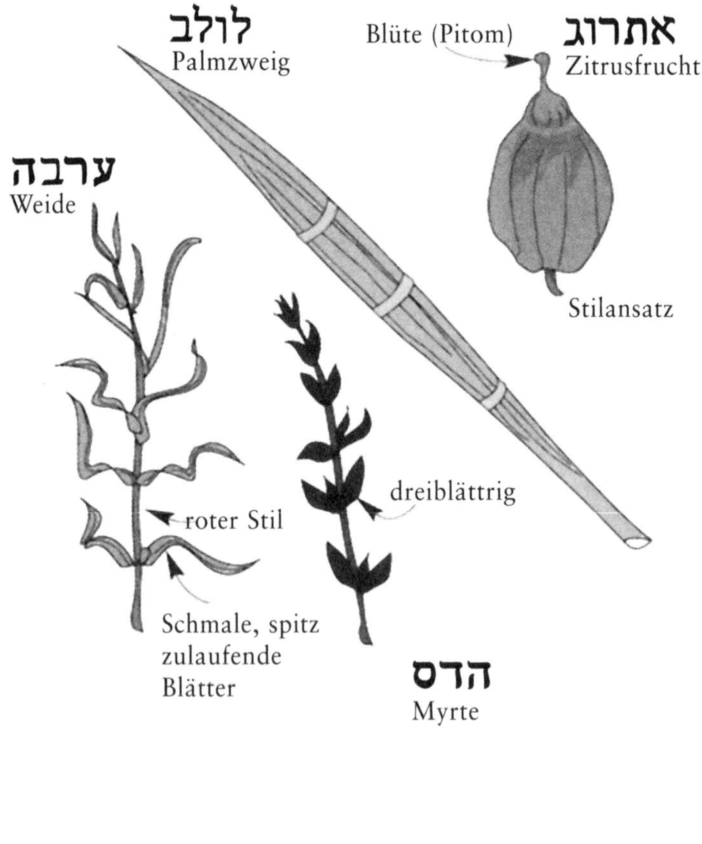

Wichtige Begriffe und Wendungen

Arawa עֲרָבָה: Weidenzweige
Etrog אֶתְרֹג: Zitrusfrucht.
Hadass הֲדַס: Myrtenzweige.
Lulaw לוּלָב: Palmzweig.
Okez עוֹקֶץ: Stilansatz am Etrog.
Pitom פִּיטָם: Die Spitze des Etrog, aus der die Blüte wächst.

Literatur

Enzyklopaedia Judaica, Jersualem 1971, Band VI, 1448-1449.
Morris Epstein, All About Jewish Holidays and Customs, New York 1970.
Walter Rothschild, 99 Fragen zum Judentum, Gütersloh 2001, S. 76f.

Weitere Informationen

Nach Sukkot ...

1. ... verwende die Myrte als Gewürz im *Besamim*-Behälter für Hawdala.

2. ... benutze den Lulaw für *Bedikat Chametz* (die Suche nach Gesäuertem vor Pessach) anstelle des Löffels. Dann verbrenne den Lulaw mit dem Chametz vor Pessach. Sei vorsichtig, getrocknete Lulawim können schneiden und stechen.

3. ... stecke eine ganze Gewürznelke in den Etrog. Bestreue ihn mit Zimt und lass ihn einige Wochen lang trocknen. Dann benutze ihn als Gewürz für Hawdala

4. oder mach aus dem benutzen Etrog Gelee.

Lulaw-Schütteln לוּלָב

Quelle

וּלְקַחְתֶּם לָכֶם בַּיּוֹם הָרִאשׁוֹן פְּרִי עֵץ הָדָר כַּפֹּת תְּמָרִים וַעֲנַף
עֵץ־עָבֹת וְעַרְבֵי־נָחַל וּשְׂמַחְתֶּם לִפְנֵי יְיָ אֱלֹהֵיכֶם שִׁבְעַת יָמִים׃

Am ersten Tag nehmt ihr die Frucht vom Baum *Hadar* (Etrog), Palmzweige, einen Ast vom Baum *Awot* (Hadass, Myrte) und Bachweiden und seid fröhlich vor dem Ewigen, eurem Gott, sieben Tage. (Levitikus/Wajikra 23,40)

Informationen

Schüttle den Lulaw jeden Morgen während Sukkot, entweder vor dem Morgengebet (Schacharit) oder unmittelbar vor Hallel.

Halte den gesamten Lulaw in deiner rechten Hand (so dass der Grat zu dir hinweist, die zwei Weidenzweige links und die drei Myrtenzweige rechts sind) und halte den Etrog in der linken Hand. Lulaw und Etrog sollten sich berühren. Vor dem Lobspruch halte den Etrog mit der Blüte *(Pitom)* nach unten. Nach dem Lobspruch und während des Schüttelns halte den Etrog mit der Blüte *(Pitom)* nach oben. Stehe so, dass dein Gesicht nach Osten Richtung Jersualem schaut.

Nach einer Meditation, die sich im Sidur findet (siehe z.B. Seder ha-Tefillot. Das jüdische Gebetbuch Band I, Gütersloh 1997, S. 348f) sagt man folgenden Lobspruch:

בָּרוּךְ אַתָּה יְיָ אֱלֹהֵינוּ מֶלֶךְ הָעוֹלָם אֲשֶׁר קִדְּשָׁנוּ בְּמִצְוֹתָיו וְצִוָּנוּ
עַל נְטִילַת לוּלָב׃

Baruch atta adonai, elohenu melech ha-olam, ascher kidschanu bemizwotaw weziwanu als netilat lulaw.

Gepriesen seist du, Ewiger, unser Gott; du regierst die Welt. Du hast uns durch deine Gebote geheiligt und hast uns aufgetragen, den Lulaw zu schütteln.

Nur am ersten Tag sage danach außerdem:

בָּרוּךְ אַתָּה יְיָ אֱלֹהֵינוּ מֶלֶךְ הָעוֹלָם שֶׁהֶחֱיָנוּ וְקִיְּמָנוּ וְהִגִּיעָנוּ
לַזְּמַן הַזֶּה:

Baruch atta adonai, elohenu melech ha-olam, sche-hechejanu wekijemanu wehigianu lasman ha-se.

Gepriesen seist du, Ewiger, unser Gott; du regierst die Welt. Du hast uns am Leben erhalten und bewahrt. Und nun hast du uns diese Zeit erreichen lassen.

Der Lulaw wird so geschüttelt: Du streckst ihn von dir weg und schüttelst ihn zu dir hin, indem du deine Arme von deiner Brust weg ausstreckst und sie beim Schütteln zur Brust hin knickst.
Mache diese Bewegung dreimal von vorne (Osten), anschließend dreimal von rechts (Süden), dann dreimal von hinten über deine Schulter (Westen) und dreimal von links (Norden), dreimal von oben (Himmel) und dreimal von unten (Erde).
Das Schütteln des Lulaw geht schnell, so dass der Palmzweig ein Geräusch macht. Mache die Bewegungen in die verschiedenen Richtungen jedoch langsam und bewusst.

Man schüttelt den Lulaw auch während des Hallels (Psalm 113-118). Bei folgenden Worten wird der Lulaw einmal in die angegebene Richtung geschüttelt:

unten oben links hinten rechts vorn

הוֹדוּ לַייָ כִּי־טוֹב כִּי לְעוֹלָם חַסְדּוֹ:

unten oben links hinten rechts vorn

יֹאמַר־נָא יִשְׂרָאֵל כִּי לְעוֹלָם חַסְדּוֹ:

unten oben links hinten rechts vorn

אָ-נָּא יְיָ הוֹ-שִׁי-עָה נָּא:
אָ-נָּא יְיָ הוֹ-שִׁי-עָה נָּא:

Hinweise

1. Traditionelle Juden schütteln den Lulaw nicht am Schabbat.
2. Achte darauf, dass der Pitom nicht beschädigt wird.

Wichtige Wörter und Wendungen

Arawot עֲרָבוֹת: Weidenzweige

Arba minim אַרְבַּע מִינִים: Vier Arten (Etrog/Zitrusfruch; Palmzweig, Myrte, Weide)

Hadass הֲדַס: Myrtenzweig.

Hoschana הוֹשַׁע נָא: Von den Worten hoschia-na, ein inbrünstige Bitte um Gottes Hilfe.

Lulaw לוּלָב: Palmzweig. Der Begriff wird auch benutzt, um das Gesamte Gesteck der vier Arten zu bezeichnen, weil er der größte Bestandteil davon ist.

Pitom פִּיטָם: Nicht der Stil, der Vorsprung unten am Etrog.

Literatur

Encylopaedia Judaica, Jersualem 1971, Band 15, 495-502.

Philip Goodman, The Sukkot and Simhat Torah Anthology, Philadalphia 1973.

Isaac Klein, A Guide to Jewish Religious Practice, New York 1979.

Richard Siegel, Michael Strassfeld, Sharon Strassfeld, The First Jewish Catalogue, Philadelphia 1973.

Eine Abbildung, wie man den Lulaw in die verschiedenen Himmelsrichtungen schüttelt, findet sich in: *Seder ha-Tefillot.* Das Jüdische Gebetbuch. Herausgegeben von Jonathan Magonet und Walter Homolka. Übersetzung aus dem Hebräischen von Annette Böckler, Band I. Gebete für Schabbat, Wochentage und Pilgerfest, Gütersloh 1997, S. 350f.

Mazza מַצָּה

Ungesäuertes Brot

Quelle

בָּרִאשֹׁן בְּאַרְבָּעָה עָשָׂר יוֹם לַחֹדֶשׁ בָּעֶרֶב תֹּאכְלוּ מַצֹּת עַד יוֹם הָאֶחָד וְעֶשְׂרִים לַחֹדֶשׁ בָּעָרֶב:

Im ersten Monat, am vierzehnten Tag des Monats des Abends sollt ihr ungesäuertes Brot essen bis zum einundzwanzigsten Tag des Abends. (Exodus/Schemot 21,18)

Informationen

Rezept für Mazzot:

1. Mische für Pessach koscheres Mehl und Wasser und knete das Ganze zu einem Teig.

2. Nimm einen Teigroller und rolle den Teig zu einer flachen Schicht.

3. Perforiere den Teig, um alle Luftblasen zu entfernen.

4. Backe ihn im Ofen bei 250°, jedoch nicht länger als 18 Minuten.

Hinweise

1. Für Pessach koscheres Mehl ist Mehl, dass unter rabbinischer Aufsicht stand ab dem Moment, wo der Weizen gemahlen ist. (Siehe auch S. 140f.: „An Pessach zu meiden“.)

Wichtige Wörter und Wendungen

Ei-Mazza: Mazzot, die mehr Inhaltsstoffe haben und bekömmlicher sein. Sie werden nur von kleinen Kindern gegessen sowie von einigen Erwachsen, die bestimmte gesundheitliche Aspekte beachten müssen.

Derlanger: Die Person, die den Mazza-Teig um die Teigrolle legt.

Mazza-Brei: Ein Omelette aus Eiern und Mazzot, das in einer Pfanne gebraten wurde.

Mazza schemura: Mazza mit seit der Ernte extra bewachtem (Weizen)-mehl.
Mehl mester: Die Person, die die Menge des Mehls abmisst, die der Mazza-Kneter benötigt.
Redel: Ein scharfes, gezähntes Rad, mit dem man den Mazza-Teig perforiert.
Redler: Die Person, die den Mazza-Teig perforiert.
Schiber: Die Person, die dafür verantwortlich ist, dass die Mazza in den Ofen gelegt wird.
Treger: Die Person, die die fertigen Mazzot zu dem Ort bringt, wo sie abgepackt werden.
Uggot mazza: Mazza in einer runden Form.
Wasser-Gießer. Die Person, die kaltes Wasser in den Teig gießt, wie der *Mazza-Kneter* es benötigt.

Literatur

Encylopaedia Judaica, Jersualem 1973, Bd. 11, 1155.
Philip Goodman, The Passover Anthology, Philadelphia 1961.

Weitere Informationen

1. Ursprünglich hat man Mazza gebacken, um überraschende Gäste zu bewirten. Als die Engel Lot in Sedom besuchten, gewährte Lot ihnen Gastfreundschaft und buk für sie ungesäuertes Brot (Genesis 19,3).

2. In talmudischer Zeit gab es einige Mazzot mit bildhaften Darstellungen darauf, unter anderen Fische und Tauben.

3. Im Mittelalter hatten Mazzot eine Dicke von 2,5 cm.

4. Bis ins 19. Jh. waren Mazzot in der Regel rund.

5. Bis ins 19. Jh. wurden Mazzot immer manuell hergestellt.

6. 1857 kam in Österreich die erste Maschine für die Mazzot-Bäckerei auf.

7. Mitte des 19. Jh. maß man die Größe der jüdischen Gemeinden oft anhand der Menge der Mazzot, die die Gemeinde benötigte.

Mesusa

מְזוּזָה

Quelle

וּכְתַבְתָּם עַל־מְזֻזוֹת בֵּיתֶךָ וּבִשְׁעָרֶיךָ׃

Schreibe sie auf die Pfosten deines Hauses und an deine Tore. (Deuteronomium/Dewarim 6,9; 11,20)

Informationen

1. Rolle das Pergament auf vom Ende bis zum Anfang, so dass das Wort „*Schma*“ oben ist.

2. Lege es in den Mesusa-Behälter.

3. Sprich folgendes Gebet:

בָּרוּךְ אַתָּה יְיָ אֱלֹהֵנוּ מֶלֶךְ הָעוֹלָם אֲשֶׁר קִדְּשָׁנוּ בְּמִצְוֹתָיו וְצִוָּנוּ לִקְבּוֹעַ מְזוּזָה׃

Baruch atta adonai, elohenu melech ha-olam, ascher kidschanu bemizwotaw weziwanu likboa mesusa.

Gepriesen seist du, Ewiger, unser Gott; du regierst die Welt. Du hast uns durch deine Gebote geheiligt und hast uns aufgetragen, die Mesusa anzubringen.

בָּרוּךְ אַתָּה יְיָ אֱלֹהֵינוּ מֶלֶךְ הָעוֹלָם שֶׁהֶחֱיָנוּ וְקִיְּמָנוּ וְהִגִּיעָנוּ לַזְּמַן הַזֶּה׃

Baruch atta adonai, elohenu melech ha-olam, schehechejanu wekijemanu wehigianu lasman ha-se.

Gepriesen seist du, Ewiger, unser Gott; du regierst die Welt. Du hast uns am Leben erhalten und bewahrt. Und nun hast du uns diese Zeit erreichen lassen.

Hinweise

1. Mesusa bedeutet wörtlich „Türpfosten“, doch im Allgemeinen bezieht sich der Begriff auf den Behälter, der das Pergament enthält und am Türrahmen befestigt wird.

2. Eine Mesusa sollte an jedem Türrahmen im Haus angebracht werden mit Ausnahme des Badezimmers.

3. Die Mesusa sollte am oberen Drittel des rechten Türrahmens (wenn man hineingeht) angebracht werden, doch nicht weniger als eine Handbreit (deiner Hand) von oben.

4. Auf dem Pergament steht *Schma Jisrael*: Dtn 6,4-9 und 11,13-31.

5. Das Mesusa-Pergament sollte zweimal jährlich geprüft werden.

6. Wenn man umzieht, lässt man die Mesusot an den Türrahmen, wenn die neuen Bewohner jüdisch sind. Wenn nicht, werden die Mesusot mitgenommen.

Wichtige Wörter und Wendungen

Klaf קְלָף: Das Pergament in der Mesusa.

Literatur

Alfred Kolatch, the Jewish Home Advisor, Middle Village. N.Y. 1990.
Jonathan A. Romain, Walter Homolka, Progressives Judentum. Leben und Lehre. Übersetzung und Redaktion: Annette Böckler, München 1999, S. 146-147.

Weitere Informationen

Der geheimnisvolle Code auf der Rückseite des Mesusa-Pergamentes bedeutet:

כּוּזוֹ בְּמוּכְסָז כּוּזוֹ יְהוָֹה אֱלֹהֵנוּ יְהוָֹה	*kuso bemuchsas kuso.* Dies steht für *Adonai Elohenu adonai.*
שַׁדָּי שׁוֹמֵר דַּלְתוֹת יִשְׂרָאֵל	*Schaddai:* allmächtiger Gott, gleichzeitig ein Akronym für *Schomer Daltot Jisrael* „Beschützer der Türen Israels".

שמע ישראל יהוה אלהינו יהוה אחד ואהבת את
יהוה אלהיך בכל לבבך ובכל נפשך ובכל מאדך והיו
הדברים האלה אשר אנכי מצוך היום על לבבך ושננתם
לבניך ודברת בם בשבתך בביתך ובלכתך בדרך
ובשכבך ובקומך וקשרתם לאות על ידך והיו לטטפת
בין עיניך וכתבתם על מזזות ביתך ובשעריך
והיה אם שמע תשמעו אל מצותי אשר אנכי
מצוה אתכם היום לאהבה את יהוה אלהיכם ולעבדו
בכל לבבכם ובכל נפשכם ונתתי מטר ארצכם בעתו
יורה ומלקוש ואספת דגנך ותירשך ויצהרך ונתתי
עשב בשדך לבהמתך ואכלת ושבעת השמרו לכם
פן יפתה לבבכם וסרתם ועבדתם אלהים אחרים
והשתחויתם להם וחרה אף יהוה בכם ועצר את
השמים ולא יהיה מטר והאדמה לא תתן את יבולה
ואבדתם מהרה מעל הארץ הטבה אשר יהוה נתן לכם
ושמתם את דברי אלה על לבבכם ועל נפשכם וקשרתם
אתם לאות על ידכם והיו לטוטפת בין עיניכם ולמדתם
אתם את בניכם לדבר בם בשבתך בביתך ובלכתך
בדרך ובשכבך ובקומך וכתבתם על מזוזות ביתך
ובשעריך למען ירבו ימיכם וימי בניכם על האדמה
אשר נשבע יהוה לאבתיכם לתת להם כימי השמים
על הארץ

Klaf Vorderseite

Klaf Rückseite.

Nachtgebet

קְרִיאַת שְׁמַע עַל הַמִּטָּה

Quelle

וְשִׁנַּנְתָּם לְבָנֶיךָ וְדִבַּרְתָּ בָּם בְּשִׁבְתְּךָ בְּבֵיתֶךָ וּבְלֶכְתְּךָ בַדֶּרֶךְ
וּבְשָׁכְבְּךָ וּבְקוּמֶךָ:

Du sollst sie deinen Kindern einschärfen und immer davon reden, wenn du zu Hause sitzt oder auf Reisen bist, wenn du dich niederlegst und wenn du aufstehst.
(Deuteronomium/Dewarim 6,7)

Informationen

1. Bevor du einschläfst, sprich:

בָּרוּךְ אַתָּה יְיָ אֱלֹהֵינוּ מֶלֶךְ הָעוֹלָם הַמַּפִּיל חֶבְלֵי שֵׁנָה עַל עֵינָי וּתְנוּמָה עַל עַפְעַפָּי: וִיהִי רָצוֹן מִלְּפָנֶיךָ יְיָ אֱלֹהַי וֵאלֹהֵי אֲבוֹתַי שֶׁתַּשְׁכִּיבֵנִי לְשָׁלוֹם וְתַעֲמִידֵנִי לְשָׁלוֹם וְאַל יְבַהֲלוּנִי רַעְיוֹנַי וַחֲלוֹמוֹת רָעִים וְהַרְהוֹרִים רָעִים וּתְהִי מִטָּתִי שְׁלֵמָה לְפָנֶיךָ: וְהָאֵר עֵינַי פֶּן אִישַׁן הַמָּוֶת, כִּי אַתָּה הַמֵּאִיר לְאִישׁוֹן בַּת עָיִן: בָּרוּךְ אַתָּה יְיָ הַמֵּאִיר לָעוֹלָם כֻּלּוֹ בִּכְבוֹדוֹ:

Gepriesen seist du, Ewiger, unser Gott; du regierst die Welt. Du legst Schlaf in meine Augen, Schlummer in meine Augenlider. Möge es dein Wille sein, Ewiger, mein Gott und Gott meiner Vorfahren, dass ich mich zufrieden zur Ruhe lege und zufrieden wieder aufstehe, dass meine Gedanken, böse Träume oder übles Grübeln mich nicht beunruhigen. Mein Lager sei vollkommen vor dir. Gepriesen seist du, Ewiger; du erleuchtest die ganze Welt durch deine Gegenwart.

שְׁמַע יִשְׂרָאֵל יְיָ אֱלֹהֵינוּ יְיָ אֶחָד:

Schma Jisrael adonai elohenu adonai echad.
Höre Israel! Der Ewige, unser Gott, ist ein einiges, ewiges Wesen.

בָּרוּךְ שֵׁם כְּבוֹד מַלְכוּתוֹ לְעוֹלָם וָעֶד:

Baruch schem kewod malchuto le-olam wa-ed.
Gepriesen sei Gottes ruhmreiche Herrschaft immer und ewig.

וְאָהַבְתָּ אֵת יְיָ אֱלֹהֶיךָ בְּכָל־לְבָבְךָ וּבְכָל־נַפְשְׁךָ וּבְכָל־מְאֹדֶךָ׃
וְהָיוּ הַדְּבָרִים הָאֵלֶּה אֲשֶׁר אָנֹכִי מְצַוְּךָ הַיּוֹם עַל־לְבָבֶךָ׃ וְשִׁנַּנְתָּם
לְבָנֶיךָ וְדִבַּרְתָּ בָּם בְּשִׁבְתְּךָ בְּבֵיתֶךָ וּבְלֶכְתְּךָ בַדֶּרֶךְ וּבְשָׁכְבְּךָ
וּבְקוּמֶךָ׃ וּקְשַׁרְתָּם לְאוֹת עַל־יָדֶךָ וְהָיוּ לְטֹטָפֹת בֵּין עֵינֶיךָ׃
וּכְתַבְתָּם עַל־מְזֻזוֹת בֵּיתֶךָ וּבִשְׁעָרֶיךָ׃

We-ahawta et adonai elohecha bechol lewawcha uwechol nafschecha uwechol me-odecha. We-haju hadwarim ha-ele ascher anochi mezawcha ha-jom al-lewawecha. We-schinantam lewanecha wedibarta bam beschiwtecha bewetecha uwlechtecha waderech uweschochbecha uwkumecha. Ukschartam leot al jadecha we-haju letotafot ben enecha. Uchtawtam al mesusot betecha ubischarecha.

Du sollst den Ewigen, deinen Gott, lieben von ganzem Herzen, ganzer Seele und ganzem Vermögen. Die Worte, die ich dir jetzt befehle, sollen dir stets im Herzen bleiben. Du sollst sie deinen Kindern einschärfen und immer davon reden, wenn du zu Hause sitzt oder auf Reisen bist, wenn du dich niederlegst und wenn du aufstehst. Binde sie zum Zeichen an deine Hand. Trage sie als Stirnbinde zwischen deinen Augen und schreibe sie auf die Pfosten deines Hauses und an deine Tore.

Hinweise

Vergiss nicht, das *Schma* jede Nacht zu sagen bevor du zu Bett gehst. Es soll das letzte sein, was du am Tag tust.

Wichtige Wörter und Wendungen

Ajn עַיִן (Plural *Enajim*): Auge.
Schena שֵׁינָה: Schlaf.

Literatur

Haim Donin, To Pray as a Jew, New York 1980.
Isaac Klein, A Guide to Jewish Religious Practice, New York 1979.
Meir Zlotowitz, Nosson Scherman, Shema Yisrael, New York 1982.
Walter Rothschild, 99 Fragen zum Judentum, Gütersloh 2001, S. 38f.

Omerzählen ספִירַת הָעוֹמֶר

Quelle

וּסְפַרְתֶּם לָכֶם מִמָּחֳרַת הַשַּׁבָּת מִיּוֹם הֲבִיאֲכֶם אֶת־עֹמֶר הַתְּ־
נוּפָה שֶׁבַע שַׁבָּתוֹת תְּמִימֹת תִּהְיֶינָה׃

Ihr zählt alsdann vom anderen Tag des Feiertages, von dem Tag, an dem ihr das Omer der Wendung dargebracht habt, sieben ganze Wochen.
(Levitikus/Wajikra 23,15)

Informationen

1. Vom zweiten Abend von Pessach an bis Schawuot rezitiere die folgende Meditation und *Kawana*:

הִנְנִי מְקַיֵּם מִצְוַת עֲשֵׂה שֶׁל סְפִירַת הָעֹמֶר כְּמוֹ שֶׁכָּתוּב בַּתּוֹרָה.
וּסְפַרְתֶּם לָכֶם מִמָּחֳרַת הַשַּׁבָּת מִיּוֹם הֲבִיאֲכֶם אֶת־עֹמֶר הַתְּ־
נוּפָה שֶׁבַע שַׁבָּתוֹת תְּמִימֹת תִּהְיֶינָה עַד מִמָּחֳרַת הַשַּׁבָּת
הַשְּׁבִיעִית תִּסְפְּרוּ חֲמִשִּׁים יוֹם׃

Ich bereite mich jetzt darauf vor, das Gebot des Omerzählens zu erfüllen, wie in der Tora geschrieben steht: „Ihr zählt alsdann vom anderen Tag des Feiertages, von dem Tag, an dem ihr das Omer der Wendung dargebracht habt, sieben ganze Wochen."

2. Danach rezitiere den folgenden Lobspruch:

בָּרוּךְ אַתָּה יְיָ אֱלֹהֵינוּ מֶלֶךְ הָעוֹלָם אֲשֶׁר קִדְּשָׁנוּ בְּמִצְוֹתָיו וְצִוָּנוּ
עַל סְפִירַת הָעֹמֶר׃

Baruch atta adonai, elohenu melech ha-olam, ascher kidschanu bemizwotaw weziwanu al sfirat ha-omer.

Gepriesen seist du, Ewiger, unser Gott; du regierst die Welt. Du hast uns durch deine Gebote geheiligt und uns das Omerzählen aufgetragen.

3. Verwende die folgende Formel, um jeden Tag zu zählen:
Heute ist der ... Tag, das sind ... Wochen und ... Tage in der Omerzeit.

הַיּוֹם ___ יוֹם שֶׁהֵם ___ שָׁבוּעוֹת וְ___ יָמִים לָעוֹמֶר

4. Dann lies den folgenden Psalm (67) und das folgende Gebet.

Gott sei uns gnädig; er gebe uns seinen Segen und lasse sein Anlitz uns leuchten, dass man auf Erden deinen Weg erkenne, unter allen Völkern deine Hilfe. Dir huldigen die Staaten, Gott! Dir huldigen die Staaten alle. Nationen freuen sich und jauchzen, dass du gerecht die Staaten richtest, regierst auf Erden alle Reiche! Dir huldigen die Staaten, Gott! Dir huldigen die Staaten alle. Das Land gibt sein Gewächs; uns segne unser Gott. Gott segne uns, und ihn verehre alle Welt!

5. Mächtiges Oberhaupt über alle Welten, durch Mosche, deinen Knecht, hast du uns unterwiesen, die Tage der Omerzeit zu zählen, damit wir verhindern, dass Unreinheit uns umhüllt. Deshalb hast du in deiner Tora angeordnet: „Ihr zählt alsdann vom anderen Tag des Feiertages, von dem Tag, an dem ihr das Omer der Wendung dargebracht habt, sieben ganze Wochen. Bis auf den Tag nach der siebten Woche zählt ihr fünfzig Tage", so dass dein Volk Israel sich selbst von Verunreinigung rein hält. Daher möge es dein Wille sein, Ewiger, unser Gott und Gott unserer Vorfahren, dass das Zählen des Omer, das ich heute getan habe, mir helfen möge, mein Zählen zu vervollständigen und mich rein zu fühlen und mich heilig zu machen durch deine göttliche Heiligkeit. Möge der Einfluss deiner göttlichen Heiligkeit in allen Bereichen des Lebens gespürt werden. Möge deine göttliche Heiligkeit meine Seele und meinen Geist stärken gegen Korruption, möge sie helfen, mich zu reinigen. Deine höchste Heiligkeit möge mein Handeln inspirieren. Amen. Sela.

Hinweise

1. Die Omerzeit verbindet den Auszug aus Ägypten mit der Gabe der Tora. Wir zählen die Tage unserer Freiheit in Vorwegnahme der Begegnung unseres Volkes mit Gott.

2. Psalm 67,5 hat im Hebräischen genau 49 Buchstaben, einen für jeden Tag.

3. Führe die Zählung im Stehen durch, abends, nachdem drei Sterne erschienen sind. Einige sagen es erneut am Morgen (ohne den Lobspruch).

4. Da die Zeit des Zählens eine Trauerzeit ist, finden Hochzeiten und andere fröhliche Ereignisse nicht statt, mit Ausnahme des 33. Tags der Omerzeit: *Lag ba-Omer* (am 18. Ijjar). Es gibt zwei ursprüngliche Bräuche für diese Trauerzeit. Der eine ist eine Trauerzeit von Pessach bis *Lag Ba-Omer*; die andere von *Rosch Chodesch Ijjar* bis drei Tage vor Schawuot.

5. In diesem Zusammenhang bezieht sich der Begriff „Schabbat" „Ruhetag" auf den ersten Tag von Pessach.

Wichtige Wörter und Wendungen

Sfirat ha-Omer סְפִירַת הָעֹמֶר: Zählen der Tage in der Omerzeit.
Omer עֹמֶר: Ein antikes Getreidemaß.
Opfer der Wendung: Gerste, das erste im Winter gesäte Getreide, das reift, wurde feierlich im Feld geschnitten und in einer Danksagungszeremonie in den Tempel gebracht.

Literatur

Michael Strassfield, The Jewish Holidays, New York 1985.
Isaac Klein, A Guide to Jewish Religious Practice, New York 1979.
Arthur Waskow, Seasons of Our Joy, New York 1982.
Walter Rothschild, 99 Fragen zum Judentum, Gütersloh 2001, S. 91f.

Schofarblasen תְּקִיעַת הַשּׁוֹפָר

Quelle

וְהַעֲבַרְתָּ שׁוֹפַר תְּרוּעָה בַּחֹדֶשׁ הַשְּׁבִעִי בֶּעָשׂוֹר לַחֹדֶשׁ בְּיוֹם
הַכִּפֻּרִים תַּעֲבִירוּ שׁוֹפָר בְּכָל־אַרְצְכֶם׃

Am zehnten Tag des siebten Monats darauf sollst du in die Trompete stoßen. Am Versöhnungstag nämlich sollt ihr die Trompete hören lassen durch euer ganzes Land.
(Levitikus/Wajikra 25,9)

בַּחֹדֶשׁ הַשְּׁבִיעִי בְּאֶחָד לַחֹדֶשׁ יִהְיֶה לָכֶם שַׁבָּתוֹן זִכְרוֹן תְּרוּעָה
מִקְרָא־קֹדֶשׁ׃

Sage den Kindern Jisraels Folgendes: Am ersten Tag des siebten Monats soll ein Ruhetag sein, an welchem zum Andenken geblasen und heilige Festverkündigung gehalten wird.
(Levitikus/Wajikra 23,24)

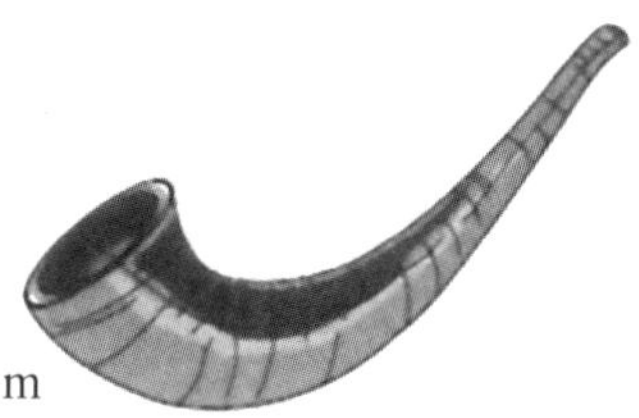

Informationen

Ein Widderhorn wird verwendet wegen seines Bezugs zum beinah vollzogenen Opfer von Jizchak, das am zweiten Tag von Rosch ha-Schana aus Genesis 22 gelesen wird. Vor dem Schofar-Gottesdienst sagt der Hörer der Schofartöne folgenden Lobspruch:

בָּרוּךְ אַתָּה יְיָ אֱלֹהֵינוּ מֶלֶךְ הָעוֹלָם אֲשֶׁר קִדְּשָׁנוּ בְּמִצְוֹתָיו וְצִוָּנוּ
לִשְׁמוֹעַ קוֹל שׁוֹפָר׃

Baruch atta adonai, elohenu melech ha-olam, ascher kidschanu bemizwotaw weziwanu lischmo-a kol schofar.

Gepriesen seist du, Ewiger, unser Gott; du regierst die Welt. Du hast und durch deine Gebote geheiligt und uns aufgetragen, den Schofar-Ton zu hören.

בָּרוּךְ אַתָּה יְיָ אֱלֹהֵינוּ מֶלֶךְ הָעוֹלָם, שֶׁהֶחֱיָנוּ וְקִיְּמָנוּ וְהִגִּיעָנוּ
לַזְּמַן הַזֶּה׃

Baruch atta adonai, elohenu melech ha-olam, schehechejanu wekijemanu wehigianu lasman ha-se.

Gepriesen seist du, Ewiger, unser Gott; du regierst die Welt. Du hast uns am Leben erhalten und bewahrt. Und nun hast du uns diese Zeit erreichen lassen.

תְּקִיעָה 1. TEKIA bedeutet wörtlich: „blasen". Ein langes gleichmäßiges Blasen, das einen klaren, durchgehenden Ton bewirkt.

שְׁבָרִים 2. SCHWARIM bedeutet wörtlich: „zerbrochene (Töne)". Drei kurze Töne, sie zusammen so lang sind wie Tekia.

תְּרוּעָה 3. TERU'A, wörtlich „Alarm". Eine schnelle Abfolge von sehr kurzen Tönen. Üblicherweise eine Serie von drei mal drei Tönen, die insgesamt so lang sind wie ein Tekia.

תְּקִיעָה גְדוֹלָה 4. TEKIA GEDOLA bedeutet wörtlich: „großes Teki'a". Ein einziger Ton, der so lange ausgehalten wird, wie man kann.

Der Schofar-Gottesdienst beginnt an Rosch ha-Schana nach der Lesung der Tora und Haftara. Bestimmte Psalmverse werden gelesen. Dann sagt der Schofarbläser zwei Lobsprüche.

Hinweise

תְּקִיעָה 1. Ab dem ersten Tag des Monats Elul (der Monat vor
שְׁבָרִים Rosch ha-Schana) ist es Brauch, das Schofar zu blasen.
תְּרוּעָה Einige blasen die gesamte *Tekia*. Blase jeden Tag (mit
תְּקִיעָה Ausnahme von Schabbat) vor Rosch ha-Schana.

2. Einige bewahren das Schofar verborgen zwischen einem zusammengefalteten Tallit auf, bis der Schofarbläser bereit ist, die Töne zu blasen.

3. Das Schofar-Blasen, das Hören der Töne und das öffentliche Blasen gelten als gleichberechtigte Mitzwot.

4. Jeder Zyklus besteht aus drei Wiederholungen. Im letzten Zyklus wird am Ende *Tekia gedola* geblasen.

Wichtige Wörter und Wendungen

Akedat Jizchak עֲקֵידַת יִצְחָק: Die Bindung Jizchaks (Genesis/Bereschit 22).
Baal Tekia בַּעַל תְּקִיעָה: Schofarbläser.
Seder tekiat schofar סֵדֶר תְּקִיעַת שׁוֹפָר: Die Ordnung des Schofarblasens.

Literatur

S.Y. Agnon, Days of Awe, New York 1965.
Isaac Klein, A Guide to Jewish Religious Practice, New York 1979.
Joel Grishaver, Rosch ha-Schana and Yom Kippur, Los Angeles 1987.

Seder ha-Tefillot. Das jüdische Gebetbuch. Hg. von Jonathan Magonet und Walter Homolka. Übersetzung von Annette Böckler, Band II Hohe Feiertage, Gütersloh 1997, S. 239-241 u. 253-267; siehe auch die Meditationen zum Schofarblasen ebd. S. 14 und 30.

Seder-Tisch שֻׁלְחַן הַסֵּדֶר

Quelle

Mischna und Talmud, Traktat Pessachim.

Informationen

1. Für jede Person sollte eine Haggada bereitliegen.

2. Der Sederteller sollte folgendermaßen angeordnet werden:

Man braucht ein hartgekochtes Ei, einen gerösteten Lammknochen (oder Hähnchenflügel), Gemüse (Erdfrucht), bittere Kräuter, Salzwasser und Charosset (Fruchtmus).

3. Stelle ein Schüsselchen Salzwasser bereit, so dass jeder eintauchen kann.

4. Schneide eine für alle ausreichende Menge Gemüse (Erdfrucht). Dies kann Petersilie oder Sellerie sein.

5. Als Bitterkraut kann man Meerrettich nehmen oder Lattich (einige nehmen beides). Stelle sicher, dass die Menge für alle ausreicht.

6. Bereite das Charosset zu. (Es gibt viele verschiedene Rezepte in den verschiedenen Gemeinden.) Normalerweise enthält es Äpfel, Nüsse, Zimt und ein wenig Wein.

7. Lege drei Mazzot auf eine Platte oder in einen dreistöckigen Mazzotbehälter, falls ein solcher vorhanden ist.

8. Stelle eine ausreichende Menge Wein bereit, vier Gläser pro Person.

9. Lege auf jeden Stuhl ein Kissen zum Anlehnen.

10. Vergiss den Becher für Elijahu nicht und die Festtagskerzen. Auch Blumen sind hübsch auf dem Tisch.

11. Möglicherweise möchtest du auch einen Becher, eine Schüssel und ein Handtuch für das Händewaschen bereitstellen.

Hinweise

1. Achte darauf, dass Haggadot-Ausgaben benutzt werden, die man gemeinsam benutzen kann.

2. Wenn viele Personen am Seder teilnehmen, wird man unter Umständen zwei oder mehrere Sederteller vorbereiten, für jedes Tischende.

Wichtige Wörter und Wendungen

Haggada הַגָּדָה: Erzählung. Gebetbuch für den Pessach-Seder.

Literatur

Philip Goodman, The Passover Anthology, Philadelphia 1961.
Kerry Olitzky, Ron Isaacs, the Discovery Haggadah, Hoboken, N.J., 1992.
Walter Rothschild, 99 Fragen zum Judentum, Gütersloh 2001, S. 111f.

Die Pessach-Haggada. Herausgegeben und kommentiert von Rabbiner Michael Shire. 2. Auflage, Berlin 2001.

Seder-Abend-Leitung סֵדֶר

Quelle

Exodus 12,3-11; 26-11,26-27; Exodus 13,8; 13,14; Deuteronomium 6,20-21.

Informationen

Die Ordnung des Seder

קַדֵּשׁ 1. ***Kadesch:*** Kiddusch (Heiligung) mit dem ersten (von vier) Gläsern Wein. Trinke den Wein in einer bequemen Sitzposition. (S. 10f.)

וּרְחַץ 2. ***Urchaz:*** Wasche deine Hände, aber ohne den sonst üblichen Lobspruch zu sagen. Es ist ein alter Brauch, sich zu waschen, bevor man Nahrungsmittel in eine Flüssigkeit oder Soße eintaucht. (S. 13)

כַּרְפַּס 3. ***Karpas:*** Iss etwas von dem Gemüse (der Erdfrucht), nachdem du es in Salzwasser eingetaucht hast und lass anschließend alle Teilnehmenden eintauchen. Das Salzwasser erinnert uns an die salzigen Tränen, die unsere Vorfahren in der Sklaverei weinten. (S. 13)

יַחַץ 4. ***Jachaz:*** Brich die mittlere Mazze in zwei Hälften. Die eine Hälfte ist der Afikoman.

מַגִּיד 5. ***Maggid:*** Erzähle die Geschichte von Pessach. Dies ist der eigentliche Inhalt der Haggada. Sie enthält die vier Fragen, die vier Söhne (und wir fügen heute die Töchter hinzu und reden von Kindern) und die zehn Plagen. Dieser Abschnitt endet mit dem zweiten Glas Wein. Trinke es in einer bequemen Sitzposition. (S. 13-38)

רָחְצָה 6. ***Rachza:*** Wasche deine Hände, diesmal mit dem dazugehörigen Lobspruch, bevor du mit der Mahlzeit beginnst. (S. 38)

7. - 8. Mozi-Mazza: Dies ist ein Doppel-Lobspruch, der vor der Mahlzeit über die Mazza gesagt wird (als ungesäuertes Brot und als Brotersatz. Iss ein Stück von den Mazzot (von der oberen und der Hälfte der mittleren von den dreien) in einer bequemen Sitzposition und lass die anderen Teilnehmenden ebenfalls davon essen. (S. 38) מוֹצִיא מַצָּה

9. Maror: Nach dem Lobspruch iss etwas von dem Meerrettich und lass anschließend alle Teilnehmenden davon essen. (S. 39) מָרוֹר

10. Korech: Wird auch „Hillel-Sandwich" genannt. Iss ein Sandwich aus Mazza, Meerrettich und Charosset. Verwende dazu die untere Mazza. Anschließend essen alle „Hillel-Sandwich". (S. 39) כּוֹרֵךְ

11. Schulchan Orech: Jetzt ist es endlich Zeit für die Mahlzeit. Hört mit dem Singen dabei nicht auf. (S. 39) שׁוּלְחָן עוֹרֵךְ

12. Zafun: Zeit für den Nachtisch. Doch esst vorher den versteckten Afikoman (nachdem er gefunden oder losgekauft wurde.) (S. 40) צָפוּן

13. Barech: Sagt *Birkat ha-Mason*, das Tischgebet nach dem Essen. Rezitiere es über dem dritten Glas Wein, während du in einer bequemen Sitzposition sitzt. (S. 40-44) בָּרֵךְ

14. Hallel: Sage anschließend die Hallel-Psalmen. Danach trinke das vierte Glas Wein. Vergiss nicht, die bequeme Sitzposition beizubehalten. Gieße Wein in den Becher für Elijahu und lass jemanden die Tür für ihn öffnen. (S. 45-52) הַלֵּל

15. Nirza: Damit wird die Mahlzeit beendet. (S. 52) Denke daran zu sagen: „Nächstes Jahr in Jerusalem". Beginne am zweiten Abend mit dem Omerzählen. (S. 59) נִרְצָה

[Die Seitenzahlen beziehen sich auf: Die Pessach-Haggada, hg. von M. Shire.]

Hinweise

1. Gib den Teilnehmenden am Seder die Möglichkeit, ihn mitzugestalten.

2. Klebe nicht am Haggada-Text. Ermutige Diskussionen und Fragen.

Wichtige Wörter und Wendungen

Maimuna. Ein Fest von marokkanischen Juden einen Tag nach Pessach, um das Fest länger dauern zu lassen.

Literatur

Nahum N. Glatzer, The Passover Haggada, New York 1967.

Kerry Olitzky, Ronald Isaacs, The Discovery Haggadah, Hoboken, N.J. 1992.

Haim Raphael, A Feast of History, New York 1972.

Die Pessach-Haggada. Herausgegeben und kommentiert von Rabbiner Michael Shire. 2. Auflage Berlin 2001.

Stammbaum

מִשְׁפָּחָה

Quelle

זֶה סֵפֶר תּוֹלְדֹת אָדָם:

Dies ist das Geschlechtsregister der Nachkommen von Adam.
Genesis 5,1.

Informationen

1. Schaue dir mit deinen Eltern (oder Verwandten) Familienphotoalben an und bitte sie, die Bilder deiner Verwandten zu identifizieren. Finde heraus, wo und wann sie lebten und in welchem verwandtschaftlichen Verhältnis sie zu dir stehen.

2. Frage deine Großeltern, Tanten, Onkel und Cousins und Cousinen, dir über deine nächsten Verwandten zu erzählen. Dann bitte sie um folgende Informationen zu jeder Person:
a. Name
b. Geburtsdatum
c. Geburtsort
d. Datum der Hochzeit
e. Ort der Hochzeit
f. Todestag
g. Ort des Todes

3. Wenn du diese Informationen gesammelt hast, kannst du fortfahren, deinen Familienstammbaum zu entwerfen. Hier ist ein einfaches Muster, dass mir dir beginnt und die Linie zurückverfolgt über deine Eltern, Großeltern und Urgroßeltern und so weiter.

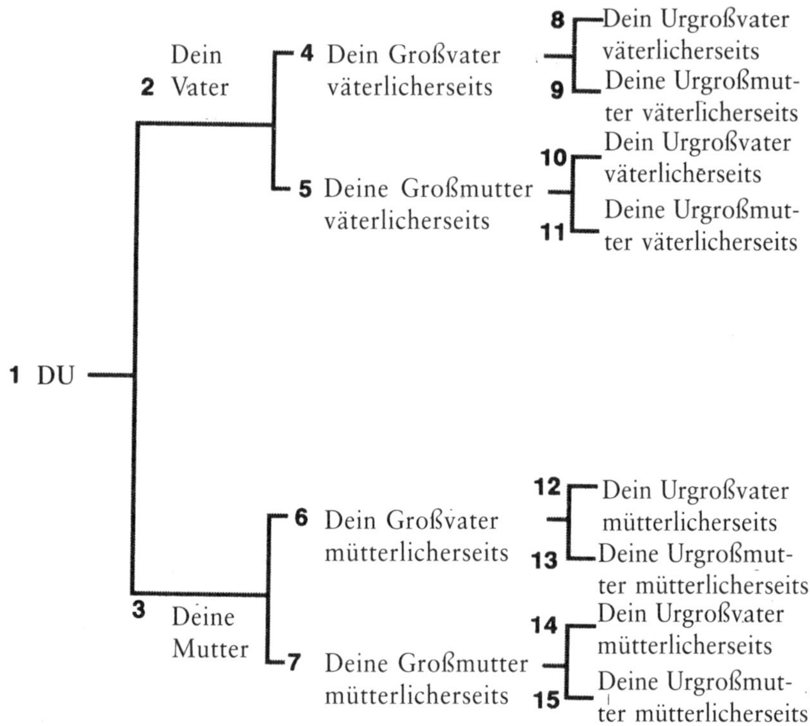

Wer bist du:

1. Du
2. Dein Vater
3. Deine Mutter
4. Dein Großvater väterlicherseits
5. Deine Großmutter väterlicherseits (Familienname)
6. Dein Großvater mütterlicherseits
7. Deine Großmutter mütterlicherseits (Familienname)

8.-11. Deine Urgroßeltern väterlicherseits

12.-15. Deine Urgroßeltern mütterlicherseits

Hinweise

Wenn du deine Familiengeschichte nicht festhältst, könnten diejenigen, die noch Erinnerungen an deine Vorfahren haben, nicht mehr leben, wenn du später nach deinen Vorfahren fragen willst.

Wichtige Wörter und Wendungen

Le-dor wa-dor לְדוֹר וָדוֹר: „Von Generation zu Generation."
Mischpacha מִשְׁפָּחָה: Familie.
Schem שֵׁם: Name
Toledot תּוֹלְדוֹת: Abstammungslinie.
Jichus יִחוּס: Jiddisch: Familienstammbaum.

Literatur

David Kranzler, My Jewish Roots, New York 1979
Arthur Kurzweil, From Generation to Generation, New York 1980.

Sukka
Laubhütte

סוּכָּה

Quelle

בַּסֻּכֹּת תֵּשְׁבוּ שִׁבְעַת יָמִים

Sieben Tage sollt ihr in Laubhütten wohnen.
(Levitikus/Wajikra 23,42)

Informationen

1. Eine Sukka muss vier Wände haben (Eine der Wände kann die Wand deines Hauses sein.)

2. Beginne mit dem Bau der Sukka so bald wie möglich nach Jom Kippur.

3. Eine von vielen Möglichkeiten, eine Sukka zu bauen, ist die folgende:
a. Verwende die hintere Wand deines Hauses oder der Garage als eine der vier Wände.
b. Errichte zwei Zementblöcke in den anderen Ecken und füge Dachlatten (3x4 oder 3x6 cm, 2,40 Länge) in die Blöcke. Verbinde die Latten mit Leisten (2x3 cm) in der Mitte und oben.
c. Spanne Sackleinen oder Plastik darüber oder nagele dünnes Sperrholz an den Rahmen. (Beachte: eine Seite muss als Eingang dienen, wenn sie mit Sackleinen bespannt ist.)
c. Lege in beide Richtungen Leisten (1x2 cm) auf das Dach und bedecke sie mit Bambus, Zweigen, Spelze oder anderem organischen Material. Denke daran: die Sterne müssen hindurchscheinen.
e. Dekoriere das Innere der Sukka mit Fruchtgehängen, Rosch ha-Schana-Grußkarten, Postern, Papiergirlanden und ähnlichem.
f. Hänge eine elektrische Lichterkette in die Sukka für die Mahlzeiten am Abend. (Sei vorsichtig!)

g. Wenn du die Sukka nicht vollständig selber bauen möchtest, kann man in einigen Judaica-Läden oder über deine Synagoge vorgefertigtes Material kaufen.

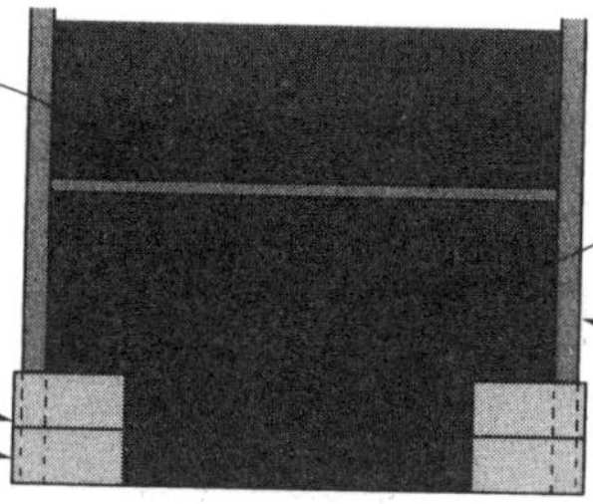

Wichtige Wörter und Wendungen

Schach סְכַךְ: Organisches Material, dass zur Bildung des Daches bei der Sukka verwendet wird.

Uschpisin אוּשְׁפִּיזִין: Aramäisch: „Gäste". Der Brauch, jüdische biblische Vorfahren in die Sukka einzuladen als unsichtbare Gäste.

Literatur

Philip Goodman, Sukkot and Simhat Torah Anthology, Philadelphia 1973.

Walter Rothschild, 99 Fragen zum Judentum, Gütersloh 2001, S. 76f.

Tallit
Gebetsschal

טַלִּית

Quelle

וַיֹּאמֶר יְיָ אֶל־מֹשֶׁה לֵּאמֹר: דַּבֵּר אֶל־בְּנֵי יִשְׂרָאֵל וְאָמַרְתָּ אֲלֵהֶם
וְעָשׂוּ לָהֶם צִיצִת עַל־כַּנְפֵי בִגְדֵיהֶם לְדֹרֹתָם וְנָתְנוּ עַל־צִיצִת
הַכָּנָף פְּתִיל תְּכֵלֶת: וְהָיָה לָכֶם לְצִיצִת וּרְאִיתֶם אֹתוֹ וּזְכַרְתֶּם
אֶת־כָּל־מִצְוֹת יְיָ וַעֲשִׂיתֶם אֹתָם וְלֹא תָתֻרוּ אַחֲרֵי לְבַבְכֶם
וְאַחֲרֵי עֵינֵיכֶם אֲשֶׁר־אַתֶּם זֹנִים אַחֲרֵיהֶם: לְמַעַן תִּזְכְּרוּ וַעֲ־
שִׂיתֶם אֶת־כָּל־מִצְוֹתָי וִהְיִיתֶם קְדֹשִׁים לֵאלֹהֵיכֶם: אֲנִי יְיָ אֱלֹ־
הֵיכֶם אֲשֶׁר הוֹצֵאתִי אֶתְכֶם מֵאֶרֶץ מִצְרַיִם לִהְיוֹת לָכֶם לֵאלֹ־
הִים אֲנִי יְיָ אֱלֹהֵיכֶם:

Ferner sprach der Ewige zu Mosche wie folgt: „Rede mit den Kindern Jisraels und sage ihnen, sie sollen bei allen ihren Nachkommen Schaufäden an die Ecken ihrer Kleider machen und an diesen Schaufäden eine Schnur von dunkelblauer Wolle befestigen. Diese sollen euch als Schaufäden dienen, dass ihr sie seht und euch aller Gebote des Ewigen erinnert und sie haltet, nicht aber eurem Herzen und euren Augen nachgeht, die euch auf Abwege verführen. Ihr werdet dadurch meiner Gebote eingedenk sein, um sie zu halten und eurem Gott heilig sein. Ich bin der Ewige, euer Gott, der ich euch aus Mizrajim geführt habe, um euer Gott zu sein. Ich, der Ewige, euer Gott!“
(Numeri/Bemidbar 15,37-41)

Informationen

1. Vor dem Anlegen des Tallit überprüfe die Zizit (Quasten), um sicher zu sein, dass sie unbeschädigt und korrekt sind. Einige sagen dann diese Verse aus dem Buch der Psalmen, um ihren Wunsch zu stärken, den Tallit anzulegen:
„Meine Seele, preise den Ewigen! Ewiger, mein Gott! Du bist sehr herrlich, Majestät und Schönheit dein Gewand, den das Licht umhüllt wie ein Mantel, der die Himmel spannt wie einen Teppich“ (Psalm 104,1-2).

2. Halte dann den Tallit vor dich hin, breite ihn vor dir aus, so dass die *atara* (der Halsbund) zur dir hinzeigt. Sprich dieses Gebet:

בָּרוּךְ אַתָּה יְיָ אֱלֹהֵינוּ מֶלֶךְ הָעוֹלָם אֲשֶׁר קִדְּשָׁנוּ בְּמִצְוֹתָיו וְצִוָּנוּ לְהִתְעַטֵּף בַּצִּיצִית:

Baruch atta adonai, elohenu melech ha-olam, ascher kidschanu bemizwotaw weziwanu lehitatef bazizit.

Gepriesen seist du, Ewiger, unser Gott; du regierst die Welt. Du hat uns durch deine Gebote geheiligt und hast uns aufgetragen, uns in ein mit Zizit gewebtes Kleidungsstück zu hüllen.

Einige pflegen den Brauch, jedes Ende des Halsbundes zu küssen, nachdem sie den Lobspruch vor dem Anlegen des Tallit gesagt haben. Andere umhüllen ihren Kopf kurz mit dem Tallit zu einem Augenblick der Meditation.

3. Dann nimm den Tallit hinter deinen Rücken und lege ihn auf deine Schultern.

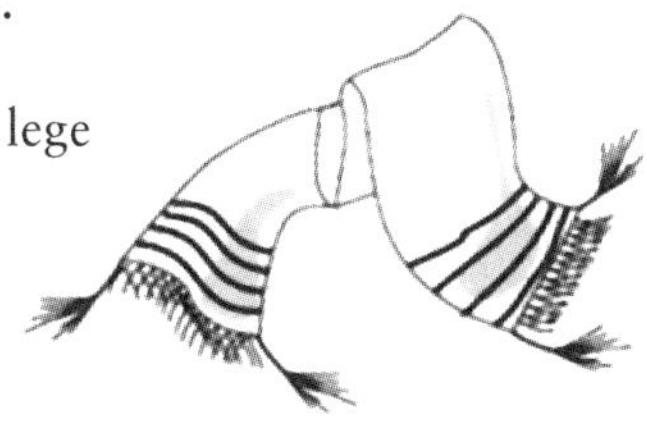

Hinweise

1. Der Tallit wird im Schacharit-Gebet (Morgengebet) getragen. (Die Ausnahme ist Jom Kippur. Im Kol Nidre Gottesdienst trägt man den Tallit auch am Abend. Eine andere Ausnahme ist Tischa be-Aw, wo der Tallit nur am Nachmittag getragen wird.) Traditionell tragen ihn nur Jungen ab dem Alter von 13 Jahren und verheiratete Männer. Viele Mädchen, die das Alter der Bat Mizwa erreicht haben, und Frauen entscheiden sich, den Tallit ebenfalls zu tragen.

2. Der Tallit wird immer umgelegt, bevor man die Tefillin anlegt, weil er jeden Tag des Jahres getragen wird, während die Tefillin nicht am Schabbat und an Festtagen benutzt werden.

3. Die meisten traditionellen Juden und Männer tragen täglich einen *tallit katan* (einen kleinen *tallit*) unter ihrem Hemd, den großen Tallit nur für die Morgengebete.

4. Viele folgen dem Brauch, die Zizit immer dann an ihre Lippen zu führen und sie zu küssen, wenn sie bei der Rezitation des dritten Abschnitts des *Schma*s (Numeri 15,37-41) das Wort „*Zizit*" sagen.

Wichtige Wörter und Wendungen

Atara אֲטָרָה: Die „Krone" bzw. das Halsstück des Tallit.
Schamasch שַׁמָּשׁ: Die längere Quaste in einem Zizitbündel, die verwendet wird, um die Windungen zu machen.
Tallit katan טַלִּית קָטָן: Ein kleiner Tallit, der am Tag unter der Kleidung getragen wird.
Techelet תְּכֵלֶת: Die ursprünglich blaue Farbe, die für die Herstellung der Zizit verwendet wurde.
Zizit צִיצִית: Quasten an den vier Ecken des Tallit.

Literatur

Encyclopaedia Judaica, Jersualem 1971, Band 15, 743.
Alfred Kolatch, The Jewish Home Advisor, Middle Village, N.Y. 1990.
Richard Siegel, Michael Strassfeld, Sharon Strassfeld, The First Jewish Catalogue, Philadelphia 1973.
Walter Rothschild, 99 Fragen zum Judentum, Gütersloh 2001, S. 138f.

Weitere Informationen

I. So knüpft man Zizit:

1. Kaufe ein Zizit-Herstellungsset in einem Judaica-Laden. Es enthält 16 Fäden. Unterteile diese Fäden in vier Gruppen. In jeder Gruppe sollte ein langer Faden und drei kürzere sein.
2. Lege die eine Seite der Enden der Fäden auf die gleiche Höhe. Ziehe die Gruppe durch eines der Ecken des Tallit.

3. Lass sieben der acht Fäden auf gleicher Höhe beginnen (die ursprünglichen vier sind nun doppelt gelegt) und lass den längeren Faden, den sog. Schamasch, an einer Seite hängen.
4. Mit vier Fäden in der einen Hand und vier in der anderen mache einen Doppelknoten nahe an der Ecke des Stoffes. Dann nimm den Schamasch und winde ihn um die sieben anderen Fäden in einer Spirale siebenmal. Mache einen weiteren Doppelknoten.
5. Dann winde den Schamasch achtmal herum und mache wieder einen Knoten.
6. Winde den Schamasch elfmal herum und mache einen Doppelknoten.
7. Zum Schluss winde den Schamasch 13mal herum und mache einen abschließenden Doppelknoten.

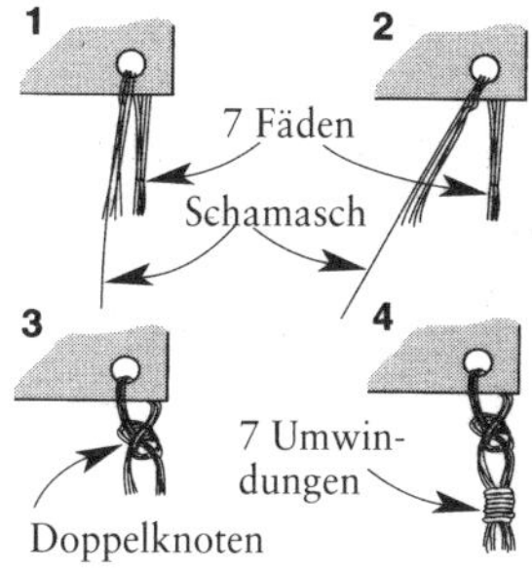

II. Die Symbolik des Tallit

1. In der Gematrie (einer jüdischen Zahlensymbolik) hat das hebräische Wort Zizit (צִיצִית) den Zahlenwert 600 (90 + 10 + 90 + 10 + 400). Dazu kommen acht Fäden plus fünf Doppelknoten an jedem Zizitbündel. Dies ergibt eine Summe von 613 und dies ist genau die Summe aller Gebote in der Tora.

2. Die spiralförmigen Windungen an jedem Zizit-Bündel sind sieben, acht, elf und dreizehn. Sieben plus acht ist 15, das ist in der Gematrie gleichwertig wie die Buchstaben *jod* י und *he* ה, den ersten beiden Buchstaben des Gottesnamens. Elf entspricht den hebräischen Buchstaben *waw* ו und *he* ה – den letzten beiden Buchstaben des Gottesnamens. Die 26 Windungen repräsentieren insgesamt also den Namen Gottes יהוה. Dreizehn ist der Zahlenwert des hebräischen Wortes *echad* (אֶחָד), das bedeutet „eins, einzig, allein". Wenn wir also die Zizit anschauen, sollen wir uns stets daran erinnern, dass Gott einer/einzig ist (יהוה אחד).

III. So legt man den Tallit um:

1. Der Tallit wird vollständig über Rücken und Schultern gelegt.

2. Falte den Tallit über der Schulter.

3. Ein über der Schulter gefalteter Tallit - Seitenansicht.

4. Frontalansicht.

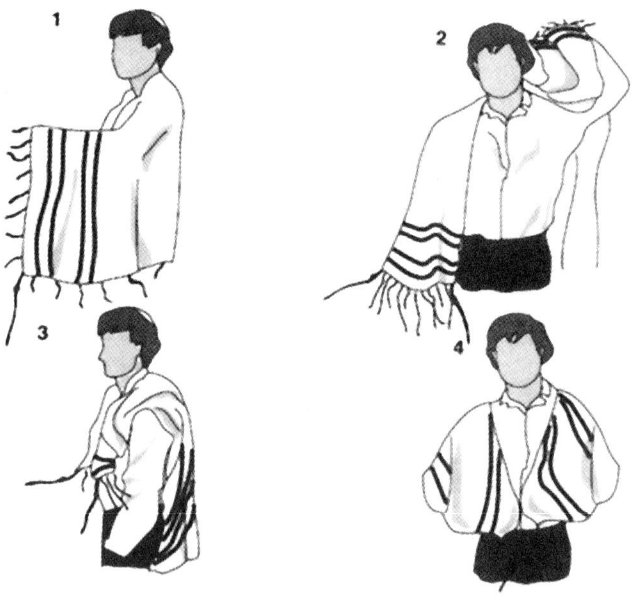

Taschlich

Vergebungsgebet

תַּשְׁלִיךְ

Quelle

וְתַשְׁלִיךְ בִּמְצוּלוֹת יָם כָּל חַטֹּאתָם׃

Du wirst all unsere Sünden in die Tiefen des Meeres werfen.
Micha 7,19

Informationen

1. Gehe am Nachmittag des ersten Tages von Rosch ha-Schana zu einem Fluss oder einer Quelle (am besten einem Fluss mit Fischen darin) und rezitiere einige bestimmte Gebete, die man „Bußgebete“ nennt. Ihr Kern besteht aus Micha 7,18-20; Psalm 118,5-9; Psalm 33; Psalm 130.

2. Nachdem du die Gebete gesagt hast, leere deinen Taschen (oder wirf Brotkrümel, die du mitgebracht hast,) in das Wasser.

Hinweise

1. Brotkrümel ins Wasser zu werfen ist ein symbolisches Zeichen für das Wegwerfen unserer Sünden und einen Neuanfang im neuen Jahr.

2. Wenn der erste Tag von Rosch ha-Schana auf Schabbat fällt, macht man Taschlich traditionell am zweiten Tag.

Wichtige Wörter und Wendungen

Awon עָוֺן: „Verkehrung“. Absichtliche Sünde.
Chet חֵטְא: „Verfehlung“. Das Ziel verfehlen, versehentliche Sünde.
Pescha פֶּשַׁע: Die schlimmste Sünde, die mit Bösartigkeit begangen wird.

Literatur

Philip Goodman, The Rosch Hashanah Anthology, Philadelphia 1970.
J. Romain, Walter Homolka, Progressives Judentum. Leben und Lehre. Übersetzung und Redaktion: Annette Böckler, München 1999, S. 173f. (mit einem Gebet zu Taschlich).

Tefillin תְּפִלִּין

Gebetsriemen

Quellen

וְהָיָה לְךָ לְאוֹת עַל־יָדְךָ וּלְזִכָּרוֹן בֵּין עֵינֶיךָ לְמַעַן תִּהְיֶה תּוֹרַת יְהוָה בְּפִיךָ כִּי בְּיָד חֲזָקָה הוֹצִאֲךָ יְהוָה מִמִּצְרָיִם׃

Dies soll dir zum Merkzeichen auf deiner Hand dienen und zum Denkzettel zwischen deinen Augen – damit die Lehre des Ewigen in eurem Mund bleibe –, dass dich der Ewige mit starker Hand aus Mizrajim geführt hat.
(Exodus/Schemot 13,9)

וְהָיָה לְאוֹת עַל־יָדְכָה וּלְטוֹטָפֹת בֵּין עֵינֶיךָ כִּי בְּחֹזֶק יָד הוֹצִיאָנוּ יְהוָה מִמִּצְרָיִם׃

Dies soll dir zum Merkzeichen auf deiner Hand und zur Stirnbinde zwischen deinen Augen dienen, dass uns der Ewige mit starker Hand aus Mizrajim geführt hat.
(Exodus/Schemot 13,16)

וּקְשַׁרְתָּם לְאוֹת עַל־יָדֶךָ וְהָיוּ לְטֹטָפֹת בֵּין עֵינֶיךָ׃ וּכְתַבְתָּם עַל־מְזֻזוֹת בֵּיתֶךָ וּבִשְׁעָרֶיךָ׃

Binde sie zum Zeichen an deine Hand. Trage sie als Stirnbinde zwischen deinen Augen.
(Deuteronomium/Dewarim 6,8)

וְשַׂמְתֶּם אֶת־דְּבָרַי אֵלֶּה עַל־לְבַבְכֶם וְעַל־נַפְשְׁכֶם וּקְשַׁרְתֶּם אֹתָם לְאוֹת עַל־יֶדְכֶם וְהָיוּ לְטוֹטָפֹת בֵּין עֵינֵיכֶם׃

Nehmt euch also diese Worte zu Herzen und zu Gemüte, bindet sie auch zum Zeichen auf die Hand und tragt sie als Stirnbinde zwischen euren Augen.
(Deuteronomium/Dewarim 11,18)

Informationen

Man legt Tefillin in der folgenden Weise an:

1. Rolle zunächst deinen Ärmel hoch (wenn du ein langärmeliges Kleidungsstück trägst), an deinem schwächeren Arm (mit dem du nicht schreibst) bis hoch zum Bizeps-Muskel. Lege allen Schmuck (Uhr, Ringe) ab. Du kannst ihn an dem anderen Arm tragen.

2. Wickle die Striemen der Handtefillin auseinander *(tefillin schel jad)*. Lege das Tefillin-Gehäuse *(bajit)* auf deinen Oberarm, mit dem Lederstück *(ma'abarta)*, das auf beiden Seiten herausragt, an der Seite, die deiner Schulter am nächsten ist. Der Knoten *(kescher)* sollte oben auf deinem Bizeps-Muskel sein an der Seite, die deinem Körper am nächsten ist. Wenn sich alles an der richtigen Stelle befindet, sprich folgenden Lobspruch:

תְּפִלִּין שֶׁל יָד
בַּיִת
מַעַבַּרְתָּא
קֶשֶׁר

בָּרוּךְ אַתָּה יְיָ אֱלֹהֵינוּ מֶלֶךְ הָעוֹלָם אֲשֶׁר קִדְּשָׁנוּ בְּמִצְוֹתָיו וְצִוָּנוּ לְהָנִיחַ תְּפִלִּין:

Baruch atta adonai, elohenu melech ha-olam, ascher kidschanu bemizwotaw weziwanu lehaniach tefillin.

Gepriesen seist du, Ewiger, unser Gott; du regierst die Welt. Du hast uns durch deine Gebote geheiligt und hast uns aufgetragen, uns Tefillin umzubinden.

3. Ziehe an dem Riemen *(retzua)*, bis die Tefillin direkt an deinem Arm anliegen. Übung macht den Meister. Mit der Zeit lernst du, wie wie man verhindert, dass etwas wegrutscht. Achte darauf, dass der Knoten nicht lockerer wird, während du den Rest des Riemens um den Arm windest.

רְצוּעָה

4. Du kannst den Riemen einmal um deinen Oberarm winden, um das *bajit* an seinem Platz zu halten.

5. Als nächstes winde den Riemen siebenmal um deinen Arm zwischen Ellbogen und Handgelenk. Einige Rabbiner lehren, dass die sieben Male uns an die sieben hebräischen Worte in Psalm 145,16 erinnern sollen: „Deine geöffnete Hand speist wohlgefällig alle Lebewesen.“ Aschkenasische Juden winden den Riemen gegen den Uhrzeigersinn (zu ihrem Körper hin), sefardische Juden winden ihn im Uhrzeigersinn (vom Körper weg). Die schwarze Seite des Riemens sollte stets oben liegen.

vorn

6. Nach der siebten Windung bringe den Riemen an die Außenseite deiner Hand und wickle den Rest des Riemens um die Mitte deiner Handfläche auf (d.h. um die Fläche zwischen Daumen und Zeigefinger über die Handfläche hinweg bis zum anderen Ende der Hand.) Befestige das Ende des Riemens unter diesen Umwindungen an der Hand.

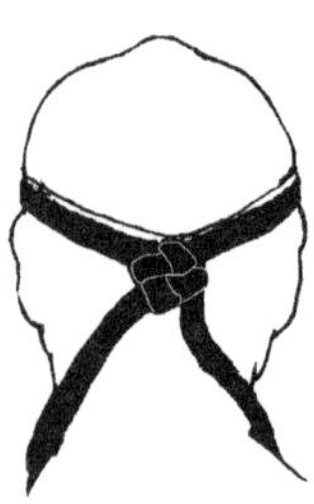

hinten

7. Wickle die Kopftefillin *(tefillin schel jad)* auseinander. Halte das *bajit* und befestige es oben auf deinem Kopf über deiner Stirn, genau zwischen deinen Augen. Der Knoten sollte am Hinterkopf sein, nahe beim Nacken und die Riemen sollten nach vorne gelegt werden, so dass sie über deiner Schulter hängen mit der schwarzen Seite nach außen. Sage dann dieses Gebet:

בָּרוּךְ אַתָּה יְיָ אֱלֹהֵינוּ מֶלֶךְ הָעוֹלָם אֲשֶׁר קִדְּשָׁנוּ בְּמִצְוֹתָיו
וְצִוָּנוּ עַל מִצְוַת תְּפִלִּין:

Baruch atta adonai, elohenu melech ha-olam, ascher kidschanu bemizwotaw weziwanu al mitwat tefillin.

Gepriesen seist du, Ewiger, unser Gott; du regierst die Welt. Du hast uns durch deine Gebote geheiligt und hast uns das Gebot über die Tefillin aufgetragen.

8. Winde den Teil der Riemen, den du um die Mitte deiner Handfläche gewickelt hast, wieder auseinander. Nach aschkenasischem Brauch wickle den Riemen dreimal um deinen Mittelfinger: einmal um den oberen Teil des Mittelfingers und einmal um seine Mitte und einmal, um die beiden Windungen zu verbinden. Dies bildet die Form des hebräischen Buchstabens *dalet*, dem zweiten Buchstaben des hebräischen Wortes *schaddai*, das für „allmächtiger Gott“ steht. Dann zitiere diesen Bibelvers:

ד
שדי

וְאֵרַשְׂתִּיךְ לִי לְעוֹלָם. וְאֵרַשְׂתִּיךְ לִי בְּצֶדֶק וּבְמִשְׁפָּט וּבְחֶסֶד וּבְרַחֲמִים: וְאֵרַשְׂתִּיךְ לִי בֶּאֱמוּנָה, וְיָדַעַתְּ אֶת־יְיָ:

We-erastich li le-olam. We-erastich li bezedek uwemischpat uwechesed uwerachamim. We-erastich li beemuna. We-jadat et adonai.

Ich verlobe mich mit dir für ewige Zeiten. Ich verlobe mich mit dir in Gerechtigkeit und Recht, in Liebe und Erbarmen. Ich verlobe mich mit dir in Treue – und du wirst den Ewigen erkennen.
(Hosea 2,21-22)

9. Lege den Rest des Riemens unter deinen Ringfinger und dann über die Außenseite deiner Hand, so dass sie ein V formen. Dann winde den Riemen einmal um die Mitte deiner Handfläche, so dass nun der hebräische Buchstabe *schin* entsteht. Dies ist der erste Buchstabe des Wortes *schaddai* „allmächtiger Gott“.

ש

10. Um die Tefillin abzulegen, kehre die Reihenfolge um. Nimm zuerst *dalet* und *schin* von deiner Hand. Nimm dann die Kopftefillin ab und winde die Riemen auf. Winde die Riemen der Handtefillin ab und wickle sie auf. Es gibt keine bestimmte Art und Weise, die Tefillin aufzuwickeln. Versuche, die Riemen um das *bajit* der Hand- und Kopftefillin zu wickeln.

Hinweise

1. Tefillin werden nur während des Schacharit-Gebetes getragen (Morgengebet). Traditionell tragen sie Männer, nachdem sie das Alter des Bar Mizwas erreicht haben. Oft entscheiden sich auch Mädchen, die das Alter der Bat Mizwa erreicht haben, Tefillin zu legen.

2. Tefillin werden nicht am Schabbat getragen und nicht an den Hauptfesten, da die Festtage selbst das Zeichen der Beziehung der feiernden Person zu Gott sind. Tefillin wurden zu einem Zeichen für die Beziehung zu Gott an gewöhnlichen Werktagen.

3. Der Tallit wird stets umgelegt, bevor man die Tefillin anlegt, weil er jeden Tag getragen wird, die Tefillin jedoch nur an Werktagen.

4. Einige folgen dem Brauch, die *batim* (Plural von *bajit*) mit ihren Fingern zu berühren und ihre Finger an ihre Lippen zu bringen als Symbol für einen Kuss, wenn sie im Schma sagen: *ukschartam le-ot* „Binde sie zum Zeichen".

Wichtige Wörter und Wendungen

Bajit בַּיִת: Das Gehäuse der Tefillin, das das Pergament enthält.

Giddin גִּידִין: Faden, der aus den Sehnen der Hüftmuskeln koscherer Tiere gewonnen wird und den man verwendet, um das bajit zuzunähen.

Kescher קֶשֶׁר: Der Tefillin-Knoten

Ma'abarta מַעַבַּרְתָּא: Lederstück, das hinten am *bajit* übersteht und durch das die Riemen geführt sind.

Phylakterien: Von dem griechischen Wort mit der Bedeutung „Amulett". Ein heutzutage im deutschen Sprachraum manchmal von Nichtjuden verwendeter Begriff für Tefillin.

Retzua רְצוּעָה: Lederriemen.

Schaddai שַׁדַּי: Ein antiker Name für Gott. Die Tefillin-Riemen, die um den Arm und die Finger gewickelt werden, formen die hebräischen Buchstaben *schin* ש und *dalet* ד. Der *Kescher* (Knoten) nahe an dem bajit der Handtefillin bildet den hebräischen Buchstaben *jod* י.

Nimmt man dies zusammen, ergibt sich *schin* ש *dalet* ד *jod* י, also das Wort *schaddai*, einer der ältesten Namen für Gott.

Schin ש: (Hebräischer Buchstabe). Zwei Formen des Buchstabens *Schin*, einer mit drei Armen (ש)und einer mit vier Armen (ש) sind auf dem Kopftefillin. Einige meinen, dass das dreiarmige Schin die drei Erzväter Awraham, Jizchak und Jaakow symboliert, das vierarmige Schin die Erzmütter Sara, Riwka, Lea und Rachel. Die Mystiker sagen, die Bedeutung des vierarmigen Schins wird erst offenbart werden, wenn der Messias kommt.

Tefilla תְּפִלָּה: Singular von *Tefillin.*

Tefillah schel rosch תְּפִלָּה שֶׁל רֹאשׁ: Die Tefillin, die am Kopf angelegt werden.

Tefillah schel jad תְּפִלָּה שֶׁל יָד: Die Tefillin, die um Arm und Hand gewickelt werden.

Titura תִּיתוּרָא: Die quadratische Grundfläche des *bajit.*

Literatur

Encyclopaedia Judaica, Jerusalem 1973, Bd. 15, 898-903.
Aryeh Kaplan, Tefillin, New York 1975.
Richard Siegel, Michael Strassfeld, Sharon Strassfeld, The First Jewish Catalogue, Philadelphia 1973.
Walter Rothschild, 99 Fragen zum Judentum, Gütersloh 2001, S. 125.

Weitere Informationen

I. Anpassung des Tefillin-Knoten

Wenn das Stirnband der Kopftefillin zu weit für dich ist und du es enger ziehen möchtest, musst du Folgendes tun:

1. Beachte, dass der Knoten aus vier Teilen besteht. Nimm die untere linke Ecke und ziehe sie etwas hinaus.
2. Nun hängt eine Schleife heraus.
3. Nimm die obere rechte Ecke und lockere sie ein bisschen. Zieh es von hinten, indem du die untere linke Schleife nimmst, die du zuvor gemacht hast. Ziehe solange, bis die untere Schleife verschwindet.

4. Nun hast du eine Schleife links oben. Um diese Schleife verschwinden zu lassen, ziehe an dem hinabhängenden Riemen der rechten *Retzua*.

Wenn das Stirnband der Kopftefillin zu eng ist, und du es weiter machen möchtest, muss du Folgendes tun:

1. Beachte, dass der *Kescher* (Knoten) aus vier Teilen besteht. Jedes Teil ist in Wirklichkeit eine Schleife.
2. Nimm das untere rechte Teil und ziehe es zu einer losen Schleife.
3. Dann ziehe an dem unteren linken Viertel des Knotens, bis du eine Schleife hast.
4. Um die Schleife verschwinden zu lasen, ziehe an der Teil des Riemens, der sich nach oben hin verlängert.

Nun ist der Knoten wieder in seiner normalen Gestalt und dein Stirnband ist weiter. Setzte den Knoten wieder an die richtige Stelle, so dass er in der Mitte des Ringes ist, der um deinen Kopf geht.

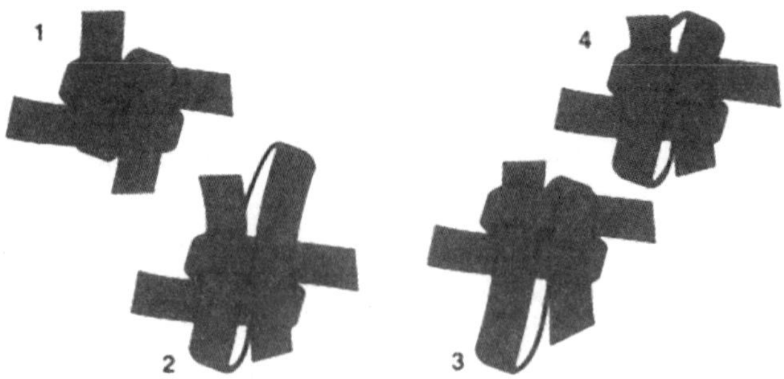

II Raschi-Tefillin und Rabbenu Tam-Tefillin

Es gibt zwei Arten von Tefillin: Raschi Tefillin und Rabbenu Tam-Tefillin. Die meisten Juden benutzen Raschi-Tefillin. Einige benutzen verschiedene zu verschiedenen Zeiten im Morgengebet, indem sie in der Regel die Rabbenu Tam-Tefillin nach der Amida anziehen und das Schma ein zweites Mal rezitieren.
Die beiden Tefillin unterscheiden sich nur in der Anordnung der Abschnitte auf dem Pergament in den Kopftefillin *(Tefillin schel rosch)*. Raschis Reihenfolge folgt der Reihenfolge der Abschnitte in der Bibel: Exodus 13,1-10; 13,11-16; Deuteronomium 6,4-9; 11,13-21. Rabbenu Tam (der Großvater von Raschi) stellte die Reihenfolge der letzten beiden Abschnitte um und schrieb Deuteromium 11,13-21 vor Deuteronomium 6,4-9.

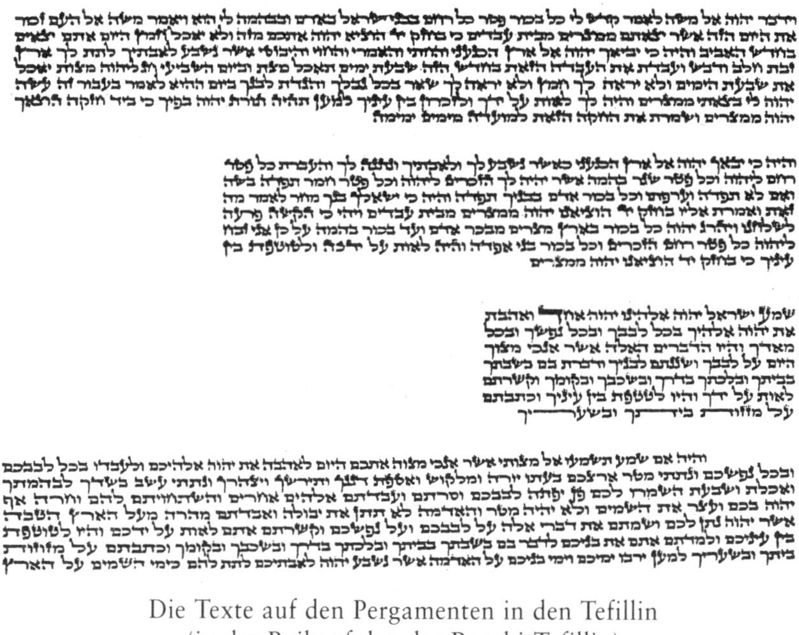

Die Texte auf den Pergamenten in den Tefillin
(in der Reihenfolge der Raschi-Tefillin)

Tora-Leinen טַעֲמֵי הַמִּקְרָא

Quelle

Die Leviten machten früher bestimmte Handzeichen, die bestimmte Melodieführungen anzeigten, wenn sie die Tora in der Öffentlichkeit lehrten.

Informationen

1. Die Tora (die fünf Bücher Moses auf einem Pergament geschrieben) wird in der Synagoge Montags, Donnertags, am Schabbat und an Festtagen vorgetragen. (Zu den Texten, die gelesen werden, siehe unten S. 152-160)

2. Die Melodie der hebräischen Worte lernt man, indem man ein Buch benutzt, das „*Tikkun*" heißt. Dieses Buch enthält den gedruckten Text mit Vokalen und Musikzeichen. Die Musikzeichen heißen *trop* oder *ta'ame ha-mikra*. Sie erscheinen über und unter dem Text der Tora. Die Musikzeichen weisen an, wie die Worte und Sätze in der Tora zu singen sind.

3. Der Vorsänger der Tora benutzt einen Torazeiger, der *jad* genannt wird (er hat die Form einer Hand mit ausgestrecktem Zeigefinger), um den Worten zu folgen.

4. Es gibt in der Torarolle keine Vokalzeichen oder Musikzeichen. Der Leser muss ein gutes Gedächtnis haben und zusätzlich musikalische Fähigkeiten.

I Ein Beispiel für einen Toratext

Le-ma'an tiskeru we-asitem et kol mizwotai wijitem kedoschim lelohechem. Ani adonei elohechem, ascher hozeti etchem me-eretz mizrajim lihjot lachem lelohim. Ani adonai elohechem.

Der vollständige gedruckte Text Numeri 15,40-41:

לְמַ֣עַן תִּזְכְּר֔וּ וַעֲשִׂיתֶ֖ם אֶת־כָּל־מִצְוֺתָ֑י
וִהְיִיתֶ֥ם קְדֹשִׁ֖ים לֵאלֹהֵיכֶֽם׃ אֲנִ֞י יְהוָ֣ה אֱלֹהֵיכֶ֗ם אֲשֶׁ֨ר
הוֹצֵ֤אתִי אֶתְכֶם֙ מֵאֶ֣רֶץ מִצְרַ֔יִם לִהְי֥וֹת לָכֶ֖ם לֵאלֹהִ֑ים אֲנִ֖י
יְהוָ֥ה אֱלֹהֵיכֶֽם׃

Die Vokalzeichen in diesem Text Numeri 15,40-41:

Die Musikzeichen in Numeri 15,40-41:

Numeri 15,40-41 in der Torarolle *(Sefer Tora)*:

II Die antiken Handzeichen der Leviten,
wie sie ausgesehen haben könnten

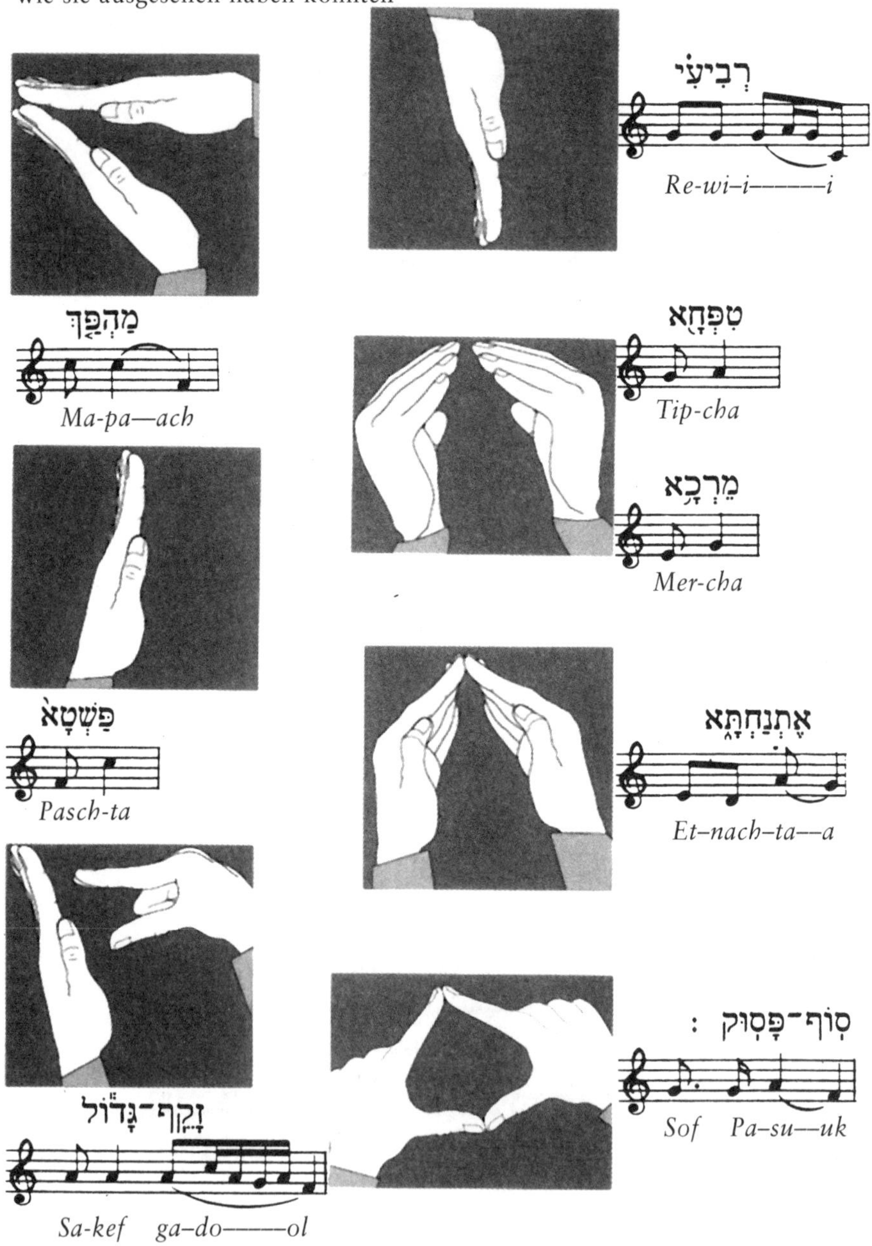

III Die Tora-Melodien

Wichtige Wörter und Wendungen

Tikkun תִּקּוּן: Ein spezielles Buch, das man benutzt, um die Toralesung zu lernen. Es enthält den gedruckten Text mit Vokalen neben dem Text ohne Vokale.

Jad יָד: Ein Zeiger, den man benutzt, um die Lesung der Tora zu verfolgen, damit man nicht die Rolle selbst berührt (und die Tinte der Buchstaben dadurch auf die Dauer beschädigen würde).

Literatur

Richard Neumann, The Roots of Biblical Chants, New York 1982.
Samuel Rosenbaum, A Guide to Torah Reading, New York 1983.
Samuel Rosenbaum, To Live as a Jew, New York 1969.

Zedaka und Ma'asim towim
צְדָקָה וּמַעֲשִׂים טוֹבִים
Gerechtigkeit und gute Werke

Quelle

עַל שְׁלֹשָׁה דְבָרִים הָעוֹלָם עוֹמֵד—עַל הַתּוֹרָה, וְעַל הָעֲבוֹדָה,
וְעַל גְּמִילוּת חֲסָדִים:

Drei Dinge sind die Grundlage der Welt:
Tora, Gottesdienst und Taten der Mitmenschlichkeit.
Sprüche der Väter (Pirke Awot) 1,2

צֶדֶק צֶדֶק תִּרְדֹּף:

Der Gerechtigkeit, der Gerechtigkeit sollst du nachjagen.
Deuteronomium 16,20

Informationen

1. *Zedaka* wird oft mit „Wohltätigkeit" übersetzt. Es ist mit dem hebräischen Wort *zedek* verwandt, das „gerecht, rechtschaffen" bedeutet. *Zedaka* zu geben ist eine gerechte und rechtschaffene Tat.

צְדָקָה
צֶדֶק

2. *Gmilut Chasadim* ist der hebräische Begriff für „Taten der Mitmenschlichkeit" oder „Nächstenliebe". Dies bedeutet unter anderem die Kleiderspende an Bedürftige, der Krankenbesuch, die Tröstung der Trauernden, die Bestattung der Toten.

גְּמִילוּת חֲסָדִים

3. Wenn du jemandem etwas gibst oder ihm hilfst, solltest du es freudig und wohlwollend tun.

4. Am besten hilft man jemandem, wenn der Empfänger nicht weiß, woher die Hilfe kommt.

5. Die höchste gute Tat ist es, einer Person zu helfen, sich selbst helfen zu können.

Wichtige Wörter und Wendungen

Hachnasat orchim הַכְנָסַת אוֹרְחִים: Gastfreundschaft Fremden gegenüber, eine wichtige Tat der Mitmenschlichkeit.

Puschke: Jiddisch. Eine Spendendose.

Zehnter מַעֲשֵׂר. Die Abgabe des zehnten Teils deines Einkommens für Zedaka.

Literatur

Joseph Feinstein, I Am My Brother's Keeper, New York 1970.

Jacob Neusner, Tzedaka, New York 1982

Danny Siegel, Gym Shoes and Irises (Personalized Tzedaka), New York 1982.

[Zu Zedaka siehe auch S. 175: „Die 8 Stufen der Zedaka".]

Kleines 1x1 jüdischen Wissens

Die Synagoge בֵּית כְּנֶסֶת

Quelle

Es gibt keine sichere Quelle über die Synagoge als Gebäude für das jüdische Gebet. Nach einer weit verbreiteten Annahme stammt sie aus der Zeit des babylonischen Exils und war dort ein Ersatz für den fehlenden Tempel. Vermutlich aber existierte sie in einer frühen Form auch neben dem Tempel.

Informationen

Das Innere einer Synagoge:

1. Es sollte eine Lade an der Ostwand der Synagoge stehen, der die Torarolle(n) enthält *(aron ha-kodesch)*.

2. Es sollte in der Mitte eine *bima* vorhanden sein, von der aus die Tora gelesen wird.

3. Die Synagoge sollte Fenster haben. (Diese Forderung stammt aus Daniel 6,11, wo es heißt, dass Daniel an Fenstern betete, die nach Jerualem gerichtet waren.

Wichtige Wörter und Wendungen

Aron ha-kodesch אֲרוֹן הַקֹּדֶשׁ: Heilige Lade. Der Schrein an der Ostwand, der die Torarollen enthält. Er befindet sich dort, so dass die Betenden sich gen Jerualem wenden, wenn sie beten.

Bima בִּימָה: Podest, von wo aus die Tora gelesen wird. In einigen Synagogen befindet sie sich in der Mitte des Raumes.

Ner tamid נֵר תָּמִיד: Ewiges Licht, das Licht über dem *aaron ha-kodesch*, das das ganze Jahr über täglich brennt. Dieser Brauch rührt von der Menora מְנוֹרָה (Leuchter) im antiken Tempel her, deren Licht fortdauernd brannte (Exodus/Schemot 27,20-21).

Parochet פָּרוֹכֶת. Vorhang, der den *Aaron ha-kodesch* bedeckt.

Tora תּוֹרָה: Die Rolle mit dem Text der fünf Bücher Moses, geschrieben von einem Schreiber in Hebräisch auf einem Pergament. Das Pergament ist um hölzerne Stangen aufgewickelt, die *atze chajim* heißen (Lebensbäume).

Wer-ist-Wer in der Synagoge?

Rabbiner/Rabbinerin רַב: Wörtlich: „Lehrer". Der Rabbiner/Die Rabbinerin hält Predigten, nennt die Seiten des Gebetbuches, die gebetet werden, gibt den Segen und vieles mehr

Chasan חַזָּן. Kantor/Kantorin. Er/Sie singt die Gebete, amtiert als *Schliach Zibur*, d.h. als Bote/Botin bzw. Sprecher/in der Gemeinde.

Gabbai גַּבַּאי und *Schamasch*. Sie koordinieren die Aktivitäten während des Gottesdienstes, verteilen die Ehrungen, helfen bei der Toralesung und anderes. Sie sorgen für die Athmosphäre während des Gottesdienstes. Oft verteilen sie auch Gebetbücher und Bibeln an die Gäste.

Baal Kore בַּעַל קוֹרֵא. Toraleser/in. Er/Sie liest aus der Tora am Schabbat, an Festtagen und montags und donnertags. Diese Person ist oft dieselbe wie der *Gabbai* oder *Schamasch*.

Literatur

Encyclopaedia Judaica, Jerusalem 1973, Bd. 15, 579-627.
Richard Siegel, Michael Strassfeld, Sharon Strassfeld, The First Jewish Catalogue, Philadelphia 1973.

Siehe ausführlicher zu den Aufgaben in der Synagoge: Walter Rothschild, 99 Fragen zum Judentum, Gütersloh 2001, S. 14 (Baal Kore), 27 (Chasan), 38 (Gabbai), 98f (Rabbiner), 105 (Schammes); zur Synagoge siehe S. 118-121.

Die 39 am Schabbat verbotenen Arbeiten ל״ט מְלָאכוֹת

Quelle

Babylonischer Talmud, Schabbat 106a.

Informationen

Die 39 am Schabbat verbotenen Arbeiten sind:

Auflesen
Backen
Bauen
Bearbeiten
Bleichen
2 Buchstaben schreiben
Dreschen
Einfädeln
2 Fäden aufspalten
2 Fäden weben
Färben
Feuer anzünden
Feuer löschen
Garben binden
Hämmern
Kneten
1 Knoten knüpfen
1 Knoten lösen
Löschen, um zwei Buchstaben zu schreiben
Mähen
Mahlen
Niederreißen
Pflügen
1 Reh fangen
Reißen, um zu nähen
Säen
Salzen (die Haut)

Schaben
Schlachten
2 Schnüre drehen
Sich schwer mühen
Sieben
Spinnen
2 Stiche nähen
Tragen aus einem Gebiet in ein anderes Gebiet
Wolle scheren
Worfeln (Getreide reinigen)
Zerschneiden
Zupfen

Hinweise

Die verschiedenen Traditionen im Judentum haben unterschiedliche Deutungen dieser Arbeiten und der jeweiligen konkreten Umsetzung dessen, was gemeint ist.

Wichtige Wörter und Wendungen

Melacha (מְלָאכָה): Diejenige Art von Arbeit, die am Schabbat verboten ist.

Mukze (מוּקְצֶה): Vorsichtsmaßnahmen von traditionellen Juden, um am Schabbat nicht etwas zu benutzen, das etwas mit Arbeit zu tun hat, wie Werkzeuge oder Geld.

Literatur

I. Grundfeld, The Sabbath, New York 1959.

J.A. Romain, W. Homolka, Progressives Judentum. Leben und Lehre. Übersetzung und Redaktion: Annette Böckler, München 1999, S. 151-164.

Walter Rothschild, 99 Fragen zum Judentum, Gütersloh 2001, S. 102-104.

S.Ph.de Vries, Jüdische Riten und Symbole, Wiesbaden 1981, S. 57-70.

An Pessach zu meiden פֶּסַח

Quelle

שִׁבְעַת יָמִים מַצּוֹת תֹּאכֵלוּ אַךְ בַּיּוֹם הָרִאשׁוֹן תַּשְׁבִּיתוּ שְּׂאֹר
מִבָּתֵּיכֶם כִּי כָּל־אֹכֵל חָמֵץ וְנִכְרְתָה הַנֶּפֶשׁ הַהִוא מִיִּשְׂרָאֵל:

Sieben Tage sollt ihr ungesäuertes Brot essen, doch am ersten Tage müsst ihr schon den Sauerteig aus euren Häusern geräumt haben. Denn wer gesäuertes Brot isst, vom ersten Tage an bis zum siebten, dessen Person soll aus Jisrael vertilgt wreden.

Sieben Tage soll kein Sauerteig in euren Häusern zu finden sein. Denn wer Gesäuertes isst, dieselbe Person soll ausgerottet werden aus der Gemeinde Jisraels, sowohl ein Fremder als auch ein Eingeborener des Landes.

(Exodus/Schemot 12,15.19)

Informationen

1. *Chametz* ist ein gesäuertes Produkt aus Weizen, Roggen, Gerste, Hafer oder Spelt (aus den „fünf Getreidesorten"), die länger als 18 Minuten in Kontakt mit Wasser gekommen sind. Daher gelten alles Brot, Gebäck, Kuchen, Kekse und Cerealien als *chametz*.

2. Zusätzlich zu diesen fünf Getreidesorten essen aschkenasische Juden an Pessach keinen Reis, Mais, keine Bohnen, Erbsen oder Erdnüsse, denn da auch daraus Mehl hergestellt werden kann, würde es zu Verwirrung führen, meinten die Rabbinen.

Hinweise

Wenn Mazza aus Mehl und Wasser gemacht wird, wird der Herstellungsprozess sehr genau überwacht, so dass kein Wasser an das Mehl kommt, bevor es für den Teig gemischt wird. Dann wird es in weniger als 18 Minuten gemischt und gebacken.

Literatur

Isaac Klein, A Guide to Jewish Religious Practice, New York 1979.
Morris Golumb, Know Your Festivales and Enjoy Them, New York 1976.
Philip Goodman, The Passover Anthology, Philadelphia 1961.
Walter Rothschild, 99 Fragen zum Judentum, Gütersloh 2001, S. 94-96.

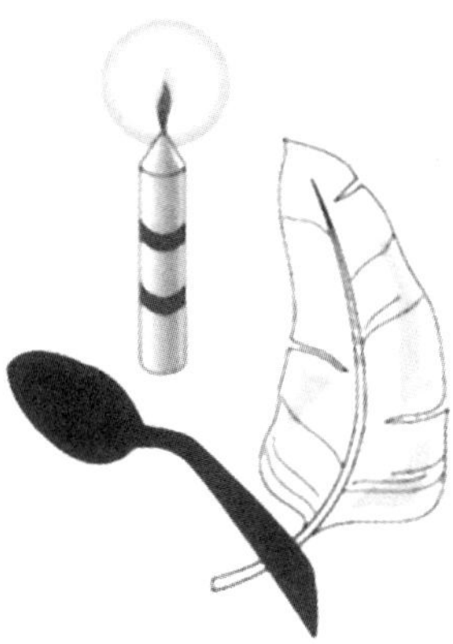

Erlaubte/verbotene Nahrungsmittel כָּשֵׁר—טְרֵפָה

Quelle

Levitikus 11,1-43; Exodus 23,19; 34,26; Deuteronomium 14,21.

Geflügel

Erlaubt	Verboten
Ente	Adler
Gans	Eule
Huhn	Falke
Kapaun	Fledermaus
Taube	Geier
Truthahn	Kiebitz
	Kuckuck
	Milan
	Pelikan
	Reiher
	Schwan
	Storch
	Strauß

Fisch und Meeresfrüchte

Erlaubt	Verboten
Äsche	Aal
Albeli	Austern
Anchis frais	Frösche
Barbe	Hai
Barsche	Hummer
Brachsen	Krabben
butt (außer Steinbutt)	Muscheln
Colin	Schellfisch

Dorade
Dorsch
Egli
Felchen
Flundern
Forellen
Hechte
Heilbutt
Hering
Kabeljau
Karpfen (außer Lederkarpfen)
Lachs
Limandelle
Makrele
Maquereau
Merlan
Mulet
Rotzunge
Rouget barbet
Rouget grondin
Salm
Sardelle
Sardine
Schleie
Scholle
Seehecht
Seelachs
Seeseibling
Seezunge
Sprotte
Stockfisch
Thunfisch
Truite
Weißfisch

Schnecke
Shrimps
Tintenfisch
Tümmler
Wal

Fleisch

1. Alle Tiere sind koscher, die wiederkäuen und gespaltene Hufe haben. Dazu zählen z.B. Rind, Schaf, Ziege und Hirsch. Ausgeschlossen sind dadurch: Pferd, Esel, Kamel und Schwein.

2. Das Fleisch muss von einem Tier stammen, das nach den Gesetzen über Schechita geschlachtet worden ist.

3. Nachdem das Tier geschlachtet wurde, muss es ordnungsgemäß eingesalzen worden sein (um wirklich alles Blut zu entfernen.)

Eier

1. Eier von nicht-koscheren Vögeln sind nicht koscher.

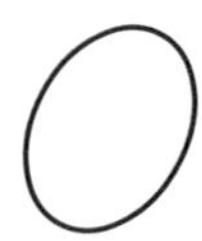

2. Eier mit Blutspuren sind nicht koscher.

Hinweise

1. Kaschrut bezieht sich auf
a. Reinheit
b. Genießbarkeit
c. Trennung von Milch und Fleisch

2. Aufgrund der Beschaffenheit von Leber ist die Kaschrut bei Leber eine besonders schwierige Frage. Frage dazu deinen Rabbiner/deine Rabbinerin.

3. Es gibt eine Menge Fische, die heute auf dem Markt sind. Wenn du unsicher bist, ob etwas koscher ist oder nicht, frag deinen Rabbiner/deine Rabbinerin.

Wichtige Wörter und Begriffe

Asur אָסוּר: Verboten
Mutar מוּתָּר: Erlaubt
Schechita שְׁחִיטָה: „Schächtung". Vorgang der rituellen Schlachtung.
Schochet שׁוֹחֵט: „Schächter". Person, die die rituelle Schlachtung vollzieht.
Trefe טְרֵפָה: Ungeeignet.

Literatur

Symour Freedman, The Book of Kashrut, New York 1970.
Isaac Klein, A Guide to Jewish Religious Practice, New York 1979.

Deutsche Rabbinerkonferenz (Hg.), Neue Kosher-Liste Deutschland 5760-2000, enthält auch die neue Lebensmittel-Zutaten (E-Nummern)-Liste.

Kaschrut-Regeln חוּקֵי כַּשְׁרוּת

Quellen

לֹא־תְבַשֵּׁל גְּדִי בַּחֲלֵב עִמּוֹ׃

a. Koche kein junges Vieh in der Milch seiner Mutter.
(Exodus/Schemot 23,19)

וְהִבְדַּלְתֶּם בֵּין־הַבְּהֵמָה הַטְּהֹרָה לַטְּמֵאָה׃

b. Ihr müsst also auch einen Unterschied machen zwischen reinem und unreinem Vieh.
(Levitikus/Wajikra 20,25)

וּבָשָׂר בַּשָּׂדֶה טְרֵפָה לֹא תֹאכֵלוּ לַכֶּלֶב תַּשְׁלִכוּן אֹתוֹ׃

c. Fleisch von einem zerrissenen Vieh auf dem Feld sollt ihr nicht essen.
(Exodus/Schemot 22,30)

לֹא תֹאכְלוּ כָל־נְבֵלָה׃

c. Ihr sollt kein Aas essen.
(Deuteronomium/Dewarim 14,21)

Informationen

1. Die Grundvoraussetzung für eine koschere Küche sind:
a. Es sollte nichts Nicht-Koscheres in ihr sein.
b. Milchige und fleischige Produkte und Haushaltswaren sollten getrennt sein.

2. Erlaubte Lebensmittel sind folgende:
a. Alle frischen Früchte und Gemüse sind koscher.
b. Alle nichtkonservierten Getreidesorten und Cerealien sind koscher.
c. Alle Milchprodukte und die meisten Molkereiprodukte sind koscher, [sofern sie keine Speisegelatine, bestimmte Geschmacksstoffe oder Emulgatoren enthalten A.d.Ü.].
d. Eier von koscherem Geflügel sind koscher.
e. Fische, die Schuppen und Flossen haben, sind koscher.
f. Ein Tier, das gespaltene Hufe hat und wiederkäut und in einer koscheren Schlachterei geschächtet wurde, ist koscher.
g. Die meisten domestizierten Vögel sind koscher.

h. Nach der *Rabbinical Assembly of America* sind alle maschinell hergestellten Weine koscher.

3. Konservative Juden und einige Reformjuden warten drei oder sechs Stunden nach dem Verzehr von Fleisch, bevor sie Milchprodukte zu sich nehmen.

Hinweise

Koscher-Stempel: ein Symbol, das vom Hersteller auf Lebensmitteln angebracht wird, um das Produkt als koscher zu kennzeichnen.
Einige Beispiele:

Union of Orthodox Jewish Congregations

Kosher Supervision Service

Organized Kashrus Laboratories

Wichtige Wörter und Wendungen

Chalaf חָלָף: Ein Messer, scharf wie eine Rasierklinge, das vom *Schochet* verwendet wird, um ein Tier zu schlachten.

Chalaw Jisrael חָלָב יִשְׂרָאֵל: Wörtlich: „Israelische Milch". Milch, die von einem Juden sorgfältig beaufsichtigt wurde seit dem Moment des Melkens in einen Behälter.

Fleischig (jiddisch): Ein Produkt aus Fleisch oder das mit Fleisch verwendet wird.

Glatt koscher גְּלַאט כָּשֵׁר: Tiere, deren Lungen glatt sind ohne Löcher. Im Allgemeinen bezieht sich der Begriff auf Fleisch, dass bis zur Schlachtung beaufsichtigt worden ist und keiner weiteren Prüfung mehr bedarf.

Koscher כָּשֵׁר: Zum Verzehr geeignet.

Kaschern. Der Vorgang, Haushaltsgeräte koscher für den Gebrauch zu machen.

Kaschrut כַּשְׁרוּת: Das System der jüdischen Speisegesetze.

Milchig (jiddisch): Ein Molkereiprodukt (*chalawi* חֲלָבִי in Hebräisch) oder etwas, das mit Milch- oder Molkereiprodukten verwendet wird.

Newela נְבֵלָה: Ein Tier, das eines natürlichen Todes gestorben ist. Ein solches Tier ist nicht koscher.

Parve פַּרְוֶע: Etwas Neutrales, weder fleischig noch milchig.

Trefe טְרֵפָה. Das Gegenteil von koscher. Nicht-koschere Lebensmittel, die für diejenigen für den Verzehr verboten sind, die die Kaschrutgesetze beachten.

Literatur

Samuel H. Dresner, Seymour Siegel, The Jewish Dietary Laws, New York 1982

James M. Lebeau, The Jewish Dietary Laws: Sanctify Life, New York 1983.

S.Ph. de Vries, Jüdische Riten und Symbole, Wiesbaden 1981, S. 147-171.

Walter Rothschild, 99 Fragen zum Judentum, Gütersloh 2001, S. 72f.

Die Bücher der Bibel סִפְרֵי הַתַּנַ"ךְ

	Hebräischer Name	Katholischer/protestantischer Name
	TORA	**LEBENSWEISUNG**
בְּרֵאשִׁית	Bereschit	Genesis / 1. Buch Mose
שְׁמוֹת	Schemot	Exodus / 2. Buch Mose
וַיִּקְרָא	Wajikra	Levitikus / 3. Buch Mose
בְּמִדְבָּר	Bamidbar	Numeri / 4. Buch Mose
דְּבָרִים	Dewarim	Deuteronomium / 5. Buch Mose
	NEWI'IM	**PROPHETEN**
יְהוֹשֻׁעַ	Jehoschua	Josua
שׁוֹפְטִים	Schoftim	Richter
שְׁמוּאֵל א׳	Schmuel Alef	1. Samuel
שְׁמוּאֵל ב׳	Schmuel Bet	2. Samuel
מְלָכִים א׳	Mlachim Alef	1. Könige
מְלָכִים ב׳	Mlachim Bet	2. Könige
יְשַׁעְיָה	Jeschajahu	Jesaja
יִרְמְיָה	Jirmejahu	Jeremia
יְחֶזְקֵאל	Jecheskel	Ezechiel / Hesekiel
הוֹשֵׁעַ	Hoschea	Hosea
יוֹאֵל	Joel	Joel
עָמוֹס	Amos	Amos
עוֹבַדְיָה	Owadja	Obadja
יוֹנָה	Jona	Jona
מִיכָה	Micha	Micha
נַחוּם	Nachum	Nahum
חֲבַקּוּק	Chabakuk	Habakuk
צְפַנְיָה	Zefanja	Zefanja

חַגַּי	Chaggai	Haggai
זְכַרְיָה	Sacharja	Sacharja
מַלְאָכִי	Mal'achi	Maleachi
	KETUWIM	**SCHRIFTEN**
תְּהִלִּים	Tehillim	Psalmen
מִשְׁלֵי	Mischle	Proverbien/Sprichwörter/Sprüche
אִיּוֹב	Ijow	Ijob / Hiob
שִׁיר הַשִּׁירִים	Schir Haschirim	Canticum / Hohes Lied
רוּת	Rut	Ruth
אֵיכָה	Echa	Threni / Klagelieder
קֹהֶלֶת	Kohelet	Kohelet / Ecclesiasticus / Prediger
אֶסְתֵּר	Esther	Esther
דָּנִיֵּאל	Daniel	Daniel
עֶזְרָה	Esra	Esra
נְחֶמְיָה	Nechemja	Nehemia
דִּבְרֵי הַיָּמִים א׳	Diwre Hajamim Alef	1. Chronik
דִּבְרֵי הַיָּמִים ב׳	Diwre Hajamim Bet	2. Chronik

Hinweise

Bei einigen Büchern geben die lateinischen bzw. griechischen Bezeichnungen die Themen der Bücher an, die hebräischen Bezeichnungen basieren auf den ersten Worten des jeweiligen Buches.

[Die im deutschen Sprachraum üblichen katholischen Bezeichnungen übernehmen die Namen der griechischen bzw. lateinischen Tradition, protestantische Bibeln haben die von Luther eingedeutschten Formen. A.d.Ü.]

Wichtige Wörter und Wendungen

Chumasch(חוּמָשׁ): Von dem hebräischen Wort für „fünf“, *chamesch*; die ersten fünf Bücher der Bibel.

Tanach (תנ"ך). Die hebräische Bezeichnung für die gesamte Bibel, ein Akronym aus den Anfangsbuchstaben ihrer drei Teile: *Tora* תּוֹרָה, *Newi'im* נְבִיאִים (Propheten) und *Ketuwim* כְּתוּבִים (Schriften).

Literatur

Asriel Eisenberg, The Book of Books, New York 1976.
Sylvan Schartzman, Jack Spiro, The Living Bibel, New York 1966.
Walter Rothschild, 99 Fragen zum Judentum, Gütersloh 2001, S. 21.

Weitere Informationen

Masoretischer Text. Der autoritative hebräische Text der Bibel, der von Schreibern tradiert wurde, die „Masoreten“ heißen („Überlieferer, Tradenten“).

Paraschat ha-Schawua
(Wochenabschnitt) פָּרָשַׁת הַשָּׁבוּעַ

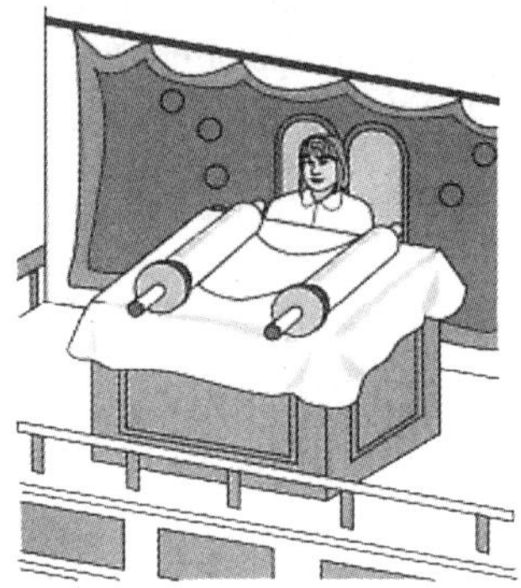

Quelle

Babylonischer Talmud, Megilla 29b

Informationen

Angegeben wird im Folgenden der Name der *Sidra* und die deutsche Übersetzung auf der Grundlage der Mendelssohn-Tora in Klammern, die drei Wochenabschnitte nach dem dreijährigen Zyklus in eckigen Klammern und die Prophetenlesung (Haftara).

Bereschit (Im Anfang)	**Genesis 1,1-6,8**
[1,1-2,19; 2,20-4,18; 4,19-6,8]	
Haftara:	Jesaja 42,5-43,10
Noach (Noach)	**Genesis 6,9-11,32**
[6,9-8,22; 9,1-10,20; 10,21-11,32]	
Haftara:	Jesaja 54,1-55,5
Lech Lecha (Zieh hinweg!)	**Genesis 12,1-17,27**
[12,1-13,18; 14,1-15,21; 16,1-17,27]	
Haftara:	Jesaja 40,27-41,16
Wajera (Er erschien)	**Genesis 18,1-22,24**
[18,1-19,20; 19,21-21,4; 21,5-22,24]	
Haftara:	2. Könige 4,1-37
Chaje Sara (Das Lebensalter der Sara)	**Genesis 23,1-25,18**
[23,1-24,9; 24,10-24,52; 24,53-25,18]	
Haftara:	1. Könige 1,1-31
Toledot (Geschlechtsfolge)	**Genesis 25,19-28,9**
[25,19-26,22; 26,23-27,27; 27,28-28,9]	
Haftara:	Maleachi 1,1-2,7
Wajeze (Er zog aus)	**Genesis 28,10-32,3**
[28,10-29,35; 30,1-30,43; 31,1-32,3]	
Haftara:	Hosea 12,13-14,10
Wajischlach (Er schickte)	**Genesis 32,4-36,43**
[32,4-33,20; 34,1-35,11; 35,12-36,43]	
Haftara:	Hosea 11,7-12,12

Wajeschew (Er ließ sich nieder)	**Genesis 37,1-40,23**
[37,1-36; 38,1-39,6; 39,7-40,23]	
Haftara:	Amos 2,6-3,8
Mikez (Nach Verlauf)	**Genesis 41,1-44,17**
[41,1-57; 42,1-43,10; 43,11-44,17]	
Haftara :	1. Könige 3,15-4,1
Wajigasch (Er trat zu ihm hin)	**Genesis 44,18-47,27**
[44,18-45,18; 45,19-46,27; 46,28-47,27]	
Haftara:	Ezechiel 37,15-28
Wajechi (Er lebte)	**Genesis 47,28-50,26**
[47,28-50,26; 49,1-50,26; 49,27-50,26]	
Haftara:	1. Könige 2,1-12

Schemot (Namen)	**Exodus 1,1-6,1**
[1,1-2,22; 2,23-4,17; 4,18-6,1]	
Haftara:	Jesaja 27,6-28,13; 29,22-23
Wa'era (Ich erschien)	**Exodus 6,2-9,35**
[6,2-7,13; 7,14-8,28; 9,1-9,35]	
Haftara:	Ezechiel 28,25-29,21
Bo (Geh)	**Exodus 10,1-13,16**
[10,1-11,3; 11,4-12,28; 12,29-13,16]	
Haftara:	Jeremia 46,13-28
Beschalach (Als er nun ziehen ließ)	**Exodus 13,17-17,16**
[13,17-14,31; 15,1-16,10; 16,11-17,16]	
SCHABBAT SCHIRA („Das Lied")	
Haftara:	Richter 4,4-24
Jitro (Jitro)	**Exodus 18,1-20,23**
[18,1-27; 19,1-20,17; 19,14-20,26]	
Haftara:	Jesaja 6,1-7; 9,5-6
Mischpatim (Rechte)	**Exodus 21,1-24,18**
[21,1-22,3; 22,4-23,5; 23,6-24,18]	
Haftara:	Jeremia 34,8-22; 33,25-26
Teruma (Steuer)	**Exodus 25,1-27,19**
[25,1-25,40; 26,1-26,30; 26,31-27,19]	
Haftara:	1. Könige 5,26-6,13
Tezawe (Du sollst befehlen)	**Exodus 27,20-30,10**
[27,20-28,30; 28,31-29,18; 29,19-30,10]	
Haftara:	Ezechiel 43,10-27

Ki Tissa (Wenn du wirst aufnehmen wollen) **Exodus 30,11-34,35**
[30,11-31,17; 31,18-33,11; 33,12-34,35]
Haftara: 1. Könige 18,1-39

Wajakhel (Er ließ versammeln) **Exodus 35,1-38,20**
[35,1-36,7; 36,8-37,9; 37,10-38,20]
Haftara: 1. Könige 7,40-50

Pekude (Berechnungen) **Exodus 38,21-40,38**
[38,21-40,38; 39,22-40,38; 40,1-38]
Haftara: 1. Könige 7,51-8,21

Wajikra (Er rief) **Levitikus 1,1-5,26**
[1,1-3,5; 3,6-4,26; 4,27-5,26]
Haftara: Jesaja 43,21-44,23

Zaw (Gib folgenden Befehl!) **Levitikus 6,1-8,36**
[6,1-7,10; 7,11-38; 8,1-36]
Haftara: Jeremia 7,21-8,3; 9,22-23

Schemini (Am achten ...) **Levitikus 9,1-11,47**
[9,1-10,7; 10,8-11,19; 11,20-47]
Haftara: 2. Samuel 6,1-7,17

Tasria (Wenn sie Nachkommen zur Welt bringt) **Levitikus 12,1-13,59**
[12,1-13,17; 13,18-39; 13,29-59]
Haftara: 2. Könige 4,42-5,19

Mezora (Aussätziger) **Levitikus 14,1-15,33**
[14,1-32; 14,33-57; 15,1-33]
Haftara: 2. Könige 7,3-20

Achare Mot (Nach dem Tod von) **Levitikus 16,1-18,30**
[16,1-24; 16,25-18,5; 18,6-30]
Haftara: Ezechiel 22,1-19

Kedoschim (Heilige) **Levitikus 19,1-20,27**
[19,1-22; 19,23-20,7; 20,1-20,27]
Haftara: Amos 9,7-15

Emor (Rede!) **Levitikus 21,1-24,23**
[21,1-22,16; 22,17-23,22; 23,23-24,23]
Haftara: Ezechiel 44,15-31

Behar (Auf dem Berge) **Levitikus 25,1-26,2**
[25,1-24; 25,25-46; 25,35-26,2]
Haftara: Jeremia 32,6-27

Bechukotaj (Nach meinen Gesetzen) **Levitikus 26,3-27,34**
[26,3-27,34; 26,3-27,34; 27,9-27,34]
Haftara: Jeremia 16,19-17,14

Bemidbar (In der Wüste) **Numeri 1,1-4,20**
[1,1-54; 2,1-3,39; 3,40-4,20]
Haftara: Hosea 2,1-22

Nasso (Nimm auf!) **Numeri 4,21-7,89**
[4,21-5,10; 5,11-7,17; 7,18-89]
Haftara: Richter 13,2-25

Beha'alotcha (Wenn du anzündest) **Numeri 8,1-12,16**
[8,1-9,14; 9,15-10,36; 11,1-12,16]
Haftara: Sacharja 2,14-4,7

Schelach Lecha (Du kannst schicken!) **Numeri 13,1-15,41**
[13,1-14,7; 14,8-15,7; 15,8-41]
Haftara: Josua 2,1-24

Korach (Korach) **Numeri 16,1-18,32**
[16,1-22; 16,23-17,24; 17,25-18,32]
Haftara: 1. Samuel 11,14-12,22

Chukat (Verordnung von ...) **Numeri 19,1-22,1**
[19,1-20,6; 20,7-21,3; 21,4-22,1]
Haftara: Richter 11,1-33

Balak (Balak) **Numeri 22,2-25,9**
[22,2-38; 22,39-23,26; 23,27-25,9]
Haftara: Micha 5,6-6,8

Pinchas (Pinchas) **Numeri 25,10-30,1**)
[25,10-26,51; 26,52-28,15; 28,16-30,1]
Haftara: 1. Könige 18,46-19,21

Matot (Stamme) **Numeri 30,2-32,42**
[30,2-31,24; 31,25-54; 32,1-42]
Haftara: Jeremia 1,1-2,3
Die erste von drei Haftarot vor dem 9. Aw

Mase (Reisen von ...) **Numeri 33,1,1-36,13**
[33,1-36,13; 33,50-36,13; 35,9-36,13]
Haftara: Jeremia 2,4-28; 3,4
Die zweite von drei Haftarot vor dem 9. Aw

Dewarim (Reden) **Deuteronomium 1,1-3,22**
[1,1-38; 1,39-2,30; 2,31-3,22]
(SCHABBAT CHAZON „Vision“)
Haftara: Jesaja 1,1-27
Die dritte von drei Haftarot vor dem 9. Aw

Waetchanan (Ich hatte gefleht) **Deuteronomium 3,23-7,11**
[3,23-4,40; 4,41-5,30; 6,1-7,11]
(SCHABBAT NACHAMU „Tröstet!“)
Haftara: Jesaja 40,1-26
Die erste von sieben Haftarot des Trostes nach dem 9. Aw

Ekew (Wenn ihr ...) **Deuteronomium 7,12-11,25**
[7,12-9,3; 9,4-10,11; 10,12-11,25]
Haftara: Jesaja 49,14-51,3
Die zweite von sieben Haftarot des Trostes nach dem 9. Aw

Re'eh (Siehe!) **Deuteronomium 11,26-16,17**
[11,26-12,28; 12,29-14,29; 15,1-16,17]
Haftara: Jesaja 54,11-55,5
Die dritte von sieben Haftarot des Trostes nach dem 9. Aw

Schoftim (Richter) **Deuteronomium 16,18-21,9**
[16,18-18,13; 18,6-19,13; 19,14-21,9]
Haftara: Jesaja 51,12-52,12
Die vierte von sieben Haftarot des Trostes nach dem 9. Aw

Ki Teze (Wenn du ziehst) **Deuteronomium 21,10-25,19**
[21,10-22,21; 22,22-23,24; 23,25-25,19]
Haftara: Jesaja 54,1-10
Die fünfte von sieben Haftarot des Trostes nach dem 9. Aw

Ki Tawo (Wenn du kommst) **Deuteronomium 26,1-29,8**
[26,1-28,6; 28,1-29,8; 28,1-29,8]
Haftara: Jesaja 60,1-22
Die sechste von sieben Haftarot des Trostes nach dem 9. Aw

Nizawim (Ihr steht) **Deuteronomium 29,9-30,20**
[dto.]
Haftara: Jesaja 61,10-63,9
Die siebte von sieben Haftarot des Trostes nach dem 9. Aw

Wajelech (Er ging hin) **Deuteronomium 31,1-30**
[dto.]
Haftara: Jesaja 55,6-56,8

Ha'asinu (Höret!) **Deuteronomium 32,1-52**
[dto.]
Haftara: 2. Samuel 22,1-32

Wesot Habracha (Dies ist der Segen) **Deuteronomium 33,1-34,12**
[dto.]
Haftara: Josua 1,1-18
(wenn die Haftara nicht durch einen besonderen Schabbat vorgegeben ist)

Besondere Lesungen

Rosch ha-Schana (1. Tischri)	
Festlesung:	Genesis 22,1-19
Maftir:	Deuteronomium 29,9-24
Haftara:	1. Samuel 1,1-2,10
2. Tag Rosch ha-Schana	
Festlesung:	Genesis 21,1-21
Maftir:	Levitikus 23,23-32
Haftara:	Jeremia 31,1-19
SCHABBAT SCHUWA	
Lesung:	Wochenabschnitt
Haftara:	Hosea 14,2-10; Micha 7,18-20
Jom Kippur (10. Tischri)	
Festlesung:	Exodus 33,12-34,9
Maftir:	Levitikus 19,1-18
Haftara:	Jesaja 57,14-58,14
Nachmittag Jom Kippur	
Parascha:	Deuteronomium 30,8-20
Haftara:	Jona
Sukkot (15. Tischri)	
Festlesung:	Levitikus 23,39-44
Maftir:	Deuteronomium 28,1-6
Haftara:	1. Könige 8,22-30; 41-43
SCHABBAT CHOL MOED SUKKOT	
Festlesung:	Deuteronomium 8,1-18
Maftir:	Deuteronomium 16,13-17
Aus der Megilla:	Kohelet 2,1-26
Schemini Azeret/Simchat Thora (22. Tischri)	
Festlesung:	Deuteronomium 34,1-12
Maftir:	Genesis 1,1-2,3
Haftara:	Josua 1,1-9
Chanukka (25. Kislew)	
Lesung:	Wochenabschnitt
Haftara:	Sacharja 4,1-14
Chanukka 2. Schabbat	
Lesung:	Wochenabschnitt
Haftara:	1. Könige 7,48-8,21

Tu bi-Schwat (15. Schwat)	
	keine besonderen Lesungen
Purim (14. Adar)	
Das Buch Ester	
SCHABBAT SCHEKALIM	
Lesung:	Wochenabschnitt
Maftir:	Exodus 30,11-16
Haftara:	2. Könige 12,1-17
SCHABBAT SACHOR	
Lesung:	Wochenabschnitt
Maftir:	Deuteronomium 25,17-19
Haftara:	1. Samuel 30,1-18 oder 1. Samuel 15,2-34
SCHABBAT PARA	
Lesung:	Wochenabschnitt
Maftir:	Numeri 19,1-10
Haftara:	Ezechiel 36,16-38
SCHABBAT HACHODESCH	
Lesung:	Wochenabschnitt
Maftir:	Exodus 12,1-11
Haftara:	Ezechiel 45,16-46,15 oder Esra 6,19-7,10
SCHABBAT HA-GADDOL	
Lesung:	Wochenabschnitt
Haftara:	Maleachi 3,4-24 (Vers 23 wird nach Vers 24 wiederholt, damit der Text nicht negativ endet!)
1. Tag Pessach (15. Nisan)	
Festlesung:	Exodus 12,37-51
Maftir:	Deuteronomium 8,10-18
Haftara:	Ezechiel 37,1-14
SCHABBAT CHOL HA-MOED PESSACH	
Festlesung:	Exodus 13,3-10
Maftir:	Deuteronomium 10,12-19
Aus der Megilla:	Hohes Lied 2,1-17
7. Tag Pessach (21. Nisan)	
Festlesung:	Exodus 14,30-15,18
Maftir:	Deuteronomium 4,32-39
Haftara:	2. Samuel 22,1-7.17-31

SCHABBAT AZMA'UT
Lesung: Wochenabschnitt
Maftir: Deuteronomium 11,8-12
Haftara: Micha 4,1-7

Jom ha-Azma'ut (5. Ijjar)
Keine besondere Lesungen

Lag ba-Omer (18. Ijjar)
Keine besondere Lesung

Schawuot (6. Siwan)
Festlesung: Exodus 19,16-20,17
Maftir: Deuteronomium 16,9-12
Aus der Megilla: Ruth 1,1-22

Drei besondere Haftarot vor dem 9. Aw:
Jeremia 1,1-2,3
Jeremia 2,4-28; 3,4; 4,1-2
Jesaja 1,1-27 (SCHABBAT CHASON Schabbat vor dem 9. Aw)

Tischa be-Aw (9. Aw)
Festlesung: Deuteronomium 4,25-40
Haftara: Jeremia 8,13-9,23
Abendgottesdienst:
Aus der Megilla: Klagelieder 1,1-22 oder 2,1-22 oder 3,1-66

SCHABBAT NACHAMU (Schabbat nach dem 9. Aw)
Lesung: Wochenabschnitt
Haftara: Jesaja 40,1-26

SCHABBAT UND ROSCH CHODESCH (Neumond)
Lesung: Wochenabschnitt
Festlesung: Genesis 1,14-19
Haftara: Jesaja 66,10-23
(wenn die Haftara nicht durch einen besonderen Schabbat vorgegeben ist)

MACHAR CHODESCH (Schabbat unmittelbar vor Rosch Chodesch)
Lesung: Wochenabschnitt
Haftara: 1. Samuel 20,18-42

Hinweise

1. Anzahl der Alijiot (Aufrufe zur öffentlichen Toralesung):

Wochentags:	3
Rosch Chodesch/Chol Hamoed:	4
Festtage:	5
Jom Kippur:	6
Schabbat:	7

2. In einigen Fällen hat die Reformbewegung die Haftaralesungen und bei einigen Festen die Lesung aus der dritten Rolle neu ausgewählt.

Wichtige Wörter und Wendungen

Drascha (דְרָשָׁה): Torakommentar oder Predigt.
Dwar Tora (דְבַר תּוֹרָה): Toraunterricht.
Paraschat Ha-Schawua (פָּרָשַׁת הַשָּׁבוּעַ): Toralesung für die aktuelle Woche.
Sidra (סִדְרָה): Oft austauschbar mit *Paraschat ha-Schawua. Sidra* bezeichnet den gesamten Toraabschnitt für eine bestimmte Woche.

Literatur

Azriel Eisenberg, The Book of Books, New York 1976.
Sylvan Schwartzman, Jack Spiro, The Living Bible, New York 1966.

W.G. Plaut (Hg.), Die Tora in jüdischer Auslegung; übersetzt von Annette Böckler, 5 Bände, Gütersloh 1999ff.
Die Tora nach der Übersetzung von Moses Mendelssohn, hg. im Auftrag des Abraham Geiger Kollegs und des Moses Mendelssohn Zentrums Potsdam von Annette Böckler, mit einem Vorwort von Tovia Ben-Chorin, Berlin 2001.

Der jüdische (luni-solare) Kalender

לוּחַ עִבְרִי

Quelle

הַחֹדֶשׁ הַזֶּה לָכֶם רֹאשׁ חֳדָשִׁים.

Dieser Monat sei euch der Anfang der Monate.
(Exodus/Schemot 12,1)

Informationen

Die Monate des Jahres

נִיסָן	Nissan
אִיָּר	Ijjar
סִיוָן	Siwan
תַּמּוּז	Tammuz
אָב	Aw
אֱלוּל	Elul
תִּשְׁרִי	Tischri
(מַר) חֶשְׁוָן	(Mar)Cheschwan
כִּסְלֵו	Kislew
טֵבֵת	Tewet
שְׁבָט	Schwat
אַדָר	Adar

Die Feste und Feiertage

רֹאשׁ הַשָּׁנָה	Rosch ha-Schana	1. Tischri
יוֹם כִּפּוּר	Jom Kippur	10. Tischri

סוּכּוֹת	Sukkot	15. Tischri
שְׁמִינִי עֲצֶרֶת	Schemini Azeret /	
שִׂמְחַת תּוֹרָה	Simchat Tora	22/23. Tischri
חֲנוּכָּה	Chanukka	25. Kislew-2./3. Tewet
ט״ו בִּשְׁבָט	Tu Bischwat	15. Schwat
פּוּרִים	Purim	14. Adar
פֶּסַח	Pessach	15. Nissan - 23. Nissan
יוֹם הַשּׁוֹאָה	Jom Ha-Schoah	27. Nissan
יוֹם הָעַצְמָאוּת	Jom Ha-Azma'ut	5. Ijjar
שָׁבוּעוֹת	Schawuot	6. Siwan
תִּשְׁעָה בְּאָב	Tisch be-Aw	9. Aw

Hinweise

1. Weil die Reformbewegung die Präzision der mathematischen Berechnung akeptiert, die verwendet wird, um die Feste und Feiertage vorab zu berechnen, werden die drei Pilgerfeste nur einen Tag gefeiert. In vielen Gemeinden gilt dies auch für Rosch ha-Schana, andere halten sich hier an den Brauch in Israel und feiern Rosch ha-Schana zwei Tage. Daher wird Simchat Tora in progressiven Gemeinden einen Tag eher gefeiert als in orthodoxen.

2. In einem Schaltjahr wird ein vollständiger Monat eingefügt (Adar II).

3. Cheschwan wird manchmal auch Marcheschwan genannt.

Wichtige Wörter und Wendungen

Luach לוּחַ: Kalender.
Schana me-uberet שָׁנָה מְעוּבֶּרֶת: Schaltjahr.

Literatur:

Raymond Zwerin, The Jewish Calendar, Denver 1975.
Ludwig Basnizki, Der Jüdische Kalender. Entstehung und Aufbau, Frankfurt 1998.
Jonathan A. Romain, Walter Homolka, Progressives Judentum. Leben und Lehre. Übersetzung und Redaktion Annette Böckler, München 1998, S. 166-192.

Weitere Informationen

Die Symbole des jüdischen Zodiak:

Nissan: Lamm; Ijjar: Stier; Siwan: Zwillinge; Tammuz: Krebs; Aw: Löwe; Elul: Jungfrau; Tischri: Waage; Cheschwan: Skorpion; Kislew: Schütze; Tewet: Steinbock; Schwat: Wassermann; Adar: Fische.

Die Mondphasen:

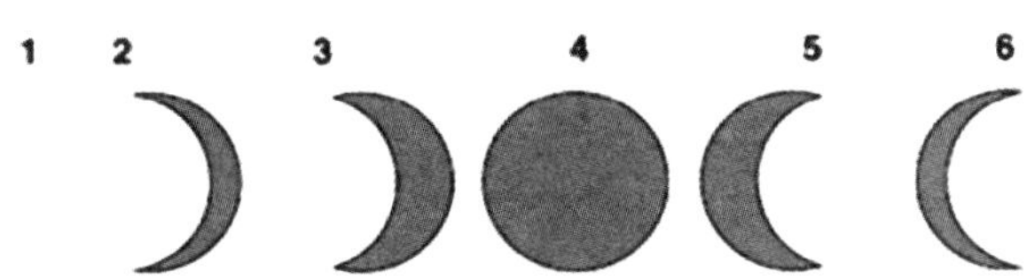

Nicht sichtbar
Rosch Chodesch

Mitte des hebräischen Monats

Ende des hebräischen Monats

29,5 Tage

Das hebräische Alphabet

א־ב

Name	gedruckt	geschrieben	Klang	Zahlwert
Alef	א	א	Tonansatz	1
Bet	בּ	בּ	B	2
	ב	ב	W	
Gimmel	ג	ג	G	3
Dalet	ד	ד	D	4
He	ה	ה	H	5
Waw	ו	ו	W	6
Sajin	ז	ז	S	7
Chet	ח	ח	CH	8
Tet	ט	ט	T	9
Jod	י	י	J	10
Kaf	כּ	כּ	K	20
	כ	כ	CH	
Kaf sofit	ך	ך	CH	
Lamed	ל	ל	L	30
Mem	מ	מ	M	40
Mem sofit	ם	ם	M	
Nun	נ	נ	N	50
Nun sofit	ן	ן	N	
Samech	ס	ס	S	60
Ajin	ע	ע	stiller Guttural	70
Pe	פּ	פּ	P	80
	פ	פ	F	
Pe sofit	ף	ף	F	
Zade	צ	צ	Z	90
Zade sofit	ץ	ץ	Z	
Qof	ק	ק	Q	100

Name	gedruckt	geschrieben	Klang	Zahlwert
Resch	ר	ר	R	200
Schin	שׁ	שׁ	SCH	300
(Sin)	שׂ	שׂ	S	(300)
Taw	ת	ת	T	400

Vokale

Name	gedruckt/geschrieben	Klang
Kamez	ָ	ah
Patach	ַ	a
Zere	ֵ	eh
Segol	ֶ	äh
Schurek	וּ	uh
Kibbuz	ֻ	u
Cholem	וֹ	oh
Chirek	ִ	i
Schwa	ְ	kurzes unbetontes e/still

Hinweise

1. Wenn ein *Patach* unter einem *Chet* oder *Ajin* am Ende eines Wortes steht, wird der Vokal vor dem Konsonanten gesagt.

2. Wenn ein *Schwa* zu einem Vokal hinzugefügt wird, wird zu dem Namen des Vokals das Wort *chataf* hinzugefügt. Das zugefügt *Schwa* zeigt an, dass der Vokal nur sehr kurz ist.

3. Die Zahlen über 10 werden gebildet, indem man rechts neben das Zeichen für 10, 20, 30, etc. das entsprechende Zeichen für 1, 2,3, etc. schreibt. Bei den Zahlen 15 und 16 würde dadurch ein Zeichen entstehen, das wie der Gottesname aussieht. Um dies zu vermeiden, weicht man bei diesen beiden Zahlen vom üblichen Schema ab und schreibt für 15 טו (9 + 6) und für 16 טז (9 + 7). [Ergänzung d. Übers.]

Wichtige Wörter und Wendungen

Sofer סוֹפֵר: Schreiber.
Tagin תָּגִין: (Singular: *tag*). Aramäisches Wort für die Krönchen, die die Schreiber auf bestimmten Buchstaben benutzten (שעטנזגץ)

Literatur

Lawrence Kushner, The Book of Letters, the Mystical Alef Bet, Woodstock, Vt., 1990.
David Diringer, The Story of the Aleph Bet, New York 1960.

Wichtige Wörter und Wendungen עִבְרִית מוֹדֶרְנִית

Informationen

Vater	אַבָּא	*abba*
Mutter	אִמָּא	*imma*
Großvater	סַבָּא	*sabba*
Großmutter	סַבְתָּא	*sawta*
Onkel	דּוֹד	*dod*
Tante	דּוֹדָה	*doda*
Bruder	אָח	*ach*
Schwester	אָחוֹת	*achot*
Junge	יֶלֶד	*jeled*
Mädchen	יַלְדָּה	*jalda*
Familie	מִשְׁפָּחָה	*mischpacha*
Haus	בַּיִת	*bajit*
Synagoge	בֵּית כְּנֶסֶת	*bet knesset*
Geschäft	חָנוּת	*chanut*
Auto	מְכוֹנִית	*mechonit*
Schule	בֵּית סֵפֶר	*bet sefer*
Lehrer/Lehrerin	מוֹרֶה(m) מוֹרָה (f)	*more/mora*
Restaurant	מִסְעָדָה	*misada*

Hebräische Formeln

Hallo, Auf Wiedersehen, Friede sei mit dir	שָׁלוֹם	*schalom*

Wie geht's? (mask)	מַה שְׁלוֹמְךָ	*ma schlomcha?*
Wie geht's? (fem.)	מַה שְׁלוֹמֵךְ	*ma schlomech?*
Wie heißt du? (mask)	מַה שִּׁמְךָ	*ma schimcha?*
Wie heißt du (fem.)	מַה שְּׁמֵךְ	*ma schmech?*
Alles o.k.!	הַכֹּל בְּסֵדֶר	*hakol bseder*
Guten Morgen!	בֹּקֶר טוֹב	*boker tow*
Guten Abend!	עֶרֶב טוֹב	*erew tow*
Gute Nacht!	לַיְלָה טוֹב	*laila tow*
Bitte!	בְּבַקָּשָׁה	*bewakascha*
Danke!	תּוֹדָה	*toda*
Tatsächlich!?	בֶּאֱמֶת	*be-emet!?*
Wie spät ist es?	מַה הַשָּׁעָה	*Ma ha-scha-ah?*
Zu schlecht.	חֲבָל	*chawal*
so und so	כָּכָה כָּכָה	*kacha kacha*
Entschuldigung	סְלַח לִי	*slach li*
rechts	יְמִינָה	*jemina*
links	שְׂמֹאלָה	*smola*
nach oben	לְמַעְלָה	*lema-ala*
nach unten	לְמַטָּה	*lemata*
Ruhe! Seid still!	שֶׁקֶט	*scheket!*
Auf Wiedersehen	לְהִתְרָאוֹת	*lehitraot*
Ja	כֵּן	*ken*
Nein	לֹא	*lo*

Jüdische Grußformeln

Schabbat
Schabbat Schalom! שַׁבָּת שָׁלוֹם! Guten Schabbat!
Gut Schabbes! (jiddisch).

Nach Hawdala
Schawua tow! שָׁבוּעַ טוֹב Gute Woche!
A gut Woch! (jiddisch)

An Festen
Chag sameach! חַג שָׂמֵחַ Frohes Fest!
Gut Jontef! (jiddisch)

Rosch ha-Schana
Schana towa! שָׁנָה טוֹבָה Gutes neues Jahr!
Schana towa umetuka! שָׁנָה טוֹבָה וּמְתוּקָה Gutes und süßes neues Jahr!
Leschana towa tikatewu! לְשָׁנָה טוֹבָה תִּכָּתֵבוּ Mögest du eingeschrieben werden (ins Buch des Lebens) für ein gutes Jahr.
Gut Johr! (jiddisch)

Zwischen Rosch ha-Schana und Jom Kippur
Gmar chatima towa! גְּמַר חֲתִימָה טוֹבָה (kurz: *Gmar tow!* גְּמַר טוֹב) Möge deine Einschreibung (ins Buch des Lebens) abgeschlossen werden.
Zom kal! צוֹם קַל Angenehmes Fasten! (sagt man kurz vor Jom Kippur)

Jom Kippur
Leschana towa tikatewu wetechatemu לְשָׁנָה טוֹבָה תִּכָּתֵבוּ וְתֵחָתֵמוּ. Mögest du eingeschrieben werden und besiegelt (im Buch des Lebens) für ein gutes Jahr.

Sukkot, Pessach, Schawuot

Moadim lesimcha! מוֹעֲדִים לְשִׂמְחָה Frohe Festtage! (Antwort: *Chagim usmanin lesasson!* חַגִּים וּזְמַנִּים לְשָׂשׂוֹן Feste und Augenblicke zur Freude (wünsche ich auch dir)!

Alltägliche Grußformeln

Boker Tow בֹּקֶר טוֹב: Guten Morgen! Antwort: Boker Or „Morgenlicht".

Erew Tow עֶרֶב טוֹב: Guten Abend!

Laila Tow לַיְלָה טוֹב: Gute Nacht.

Lehitraot לְהִתְרָאוֹת: Aufwiedersehen.

Schalom שָׁלוֹם: Hallo! Hi! Tschüss! Servus! Adee! Friede sei mit dir!

Hinweise

1. Sage nach Rosch ha-Schana zu niemandem *schana towa tikatewu.* Dies wäre eine Beleidigung, da man voraussetzen würde, dass die betreffende Person während Rosch ha-Schana nicht eingeschrieben wurde.

2. An ernsten Fasttagen wie Jom Kippur werden im Allgemeinen keine Grußformeln zueinander gesagt.

3. Wenn du eine *Alija* zur Tora hattest oder zur Gemeinde gesprochen hast, können Leute dir sagen: *jascher koach* „Möge deine Kraft wachsen". Die Antwort darauf ist: *Baruch tichje!* „Sie sei gesegnet!"

4. Wenn man einen Friedhof verlässt, bilden Freunde zwei Reihen und sagen zu dem Trauernden: *Hamakom jinachem etchem betoch schear awele Zion weruschalajim* „Möge Gott dich trösten, gemeinsam mit den anderen Trauernden Zions und Jerusalems."

Die zehn Gebote עֲשֶׂרֶת הַדִּבְּרוֹת

Quelle

Exodus/Schemot 20,1-17; Deuteronomium/Dewarim 5,1-18

Informationen

1. Ich bin der Ewige, dein Gott, der ich dich aus dem Land Mizrajim geführt habe, aus dem Hause der Sklaven.
2. Du sollst keine anderen Götter haben vor meinem Angesicht. Du sollst dir kein Götzenbild machen.
3. Du sollst den Namen des Ewigen, deines Gottes, nicht vergeblich aussprechen.
4. Erinnere dich stets an den Ruhetag, um ihn zu heiligen.

5. Ehre deinen Vater und deine Mutter.
6. Du sollst nicht morden.
7. Du sollst nicht ehebrechen.
8. Du sollst nicht stehlen.
9. Du sollst gegen deinen Mitmenschen nichts aussagen als ein falscher Zeuge.
10. Du sollst keine Begierde haben nach etwas, was dein Mitmensch hat.

Hinweise

1. Die zehn Gebote sind in Exodus und in Deuteronomium in leicht verschiedenen Versionen überliefert.

2. Wenn die zehn Gebote in der Synagoge gelesen werden, steht die Gemeinde für die Lesung auf.

Wichtige Wörter und Wendungen

Aseret ha-diwrot עֲשֶׂרֶת הַדִּבְּרוֹת: Wörtlich: Zehn Worte.
Luchot ha-berit לוּחוֹת הַבְּרִית: Tafeln des Bundes.

Literatur

Abraham Chaim Feuer, Aseres Hadibros, New York 1981.
Isaac Klein, The Ten Commandments in a Changing World, Jerusalem 1965.
Michael Hilton, »Wie es sich christelt, so jüdelt es sich«, 2000 Jahre christlicher Einfluss auf das jüdische Leben, Berlin 2000, S. 128-130 (»Die zehn Gebote«).

Die 13 Glaubensgrundsätze
שְׁלשׁ עֶשְׂרֵה עִקָּרֵי אֱמוּנָה

Quelle

Maimonides Kommentar zu Mischna.

Informationen

1. Ich bin vollkommen überzeugt, dass der Schöpfer, gepriesen sei sein Name, alle Geschöpfe erschafft und leitet, dass er allein alle Werke vollbracht hat, vollbringt und vollbringen wird.
2. Ich bin vollkommen überzeugt, dass der Schöpfer, gepriesen sei sein Name, einzig ist und dass es in keiner Beziehung eine Einigkeit gibt gleich ihm, dass er allein unser Gott war, ist und sein wird.
3. Ich bin vollkommen überzeugt, dass der Schöpfer, gepriesen sei sein Name, kein Körper ist, dass auf ihn die Eigenschaften eines Körpers nicht anzuwenden sind, dass es nichts gibt, mit ihm zu vergleichen.
4. Ich bin vollkommen überzeugt, dass der Schöpfer, gepriesen sei sein Name, allein vor allem war und nach allem sein wird.
5. Ich bin vollkommen überzeugt, dass zum Schöpfer, gepriesen sei sein Name, allein es sich gebührt zu beten und dass es sich nicht gebührt, zu einem außer ihm zu beten.

6. Ich bin vollkommen überzeugt, dass alle Worte der Propheten Wahrheit sind.
7. Ich bin vollkommen überzeugt, dass die Prophetie unseres Lehrers Mosche, Friede sei mit ihm, wahrhaftig war und dass er das Haupt der Propheten war, die vor ihm waren und die nach ihm kamen.
8. Ich bin vollkommen überzeugt, dass die ganze Lehre, die sich jetzt in unseren Händen befindet, unserem Lehrer Mosche, Friede sei mit ihm, übergeben worden ist.
9. Ich bin vollkommen überzeugt, dass diese Lehre nicht umgetauscht werden wird und keine andere Lehre kommen wird vom Schöpfer, gepriesen sei sein Name.

10. Ich bin vollkommen überzeugt, dass der Schöpfer, gelobt sei sein Name, alle Werke der Menschenkinder und all ihre Gedanken kennt, denn es heißt: „Er, der ihre Herzen allesamt gebildet, bemerkt auch all ihr Tun“ (Psalm 33,15).

11. Ich bin vollkommen überzeugt, dass der Schöpfer, gepriesen sei sein Name, denen Gutes erweist, die seine Gebote beachten und diejenigen bestraft, die seine Gebote übertreten.

12. Ich bin vollkommen von der Ankunft des Messias überzeugt, und wenn er auch zögert, dennoch hoffe ich täglich darauf, dass er kommen wird.

13. Ich bin vollkommen überzeugt, dass die Auferstehung der Toten geschehen wird zu der Zeit, die dem Schöpfer, gepriesen sei sein Name, gefällt; verherrlicht sei sein Gedenken immerfort und in alle Ewigkeit.

Hinweise

1. Dies ist der Versuch eines Mannes, die grundlegenden Aussagen des Judentums seiner Zeit zu formulieren, aber es gibt im Judentum kein Dogma oder allgemein verbindliches „Glaubensbekenntnis“.

2. Die Hymne *Jigdal* basiert auf den 13 Glaubensgrundsätzen. Sie benutzt das mnemotechnische Mittel, dass sich die Inhalte durch das Singen einprägen. (Der Text von *Jigdal* findet sich z.B. in *Seder ha-Tefillot*. Das jüdische Gebetbuch, Band I, S. 56.)

3. Moses Maimonides (oder Mosche ben Maimon, auch bekannt unter dem Akronym RaMBaM) war einer der größten jüdischen Philosophen. Er lebte von 1135 bis 1204 in Spanien und später in Ägypten. Seine Hauptwerke sind unter anderem „Führer der Verirrten“ (*More Newuchim*) und die *Mischne Tora*.

Wichtige Wörter und Wendungen

Ani ma-amim אֲנִי מַאֲמִין: Ich bin vollkommen davon überzeugt.
Emuna אֱמוּנָה: Glaube, Vertrauen, Treue, Gewissheit, Stetigkeit.

Literatur

Aryeh Kaplan, Maimonides' Principles, New York 1975.

Die acht Stufen der Zedaka צְדָקָה

Quelle

Mischne Tora von Moses Maimonides (Matnot Anijim 10,7ff.)

Informationen

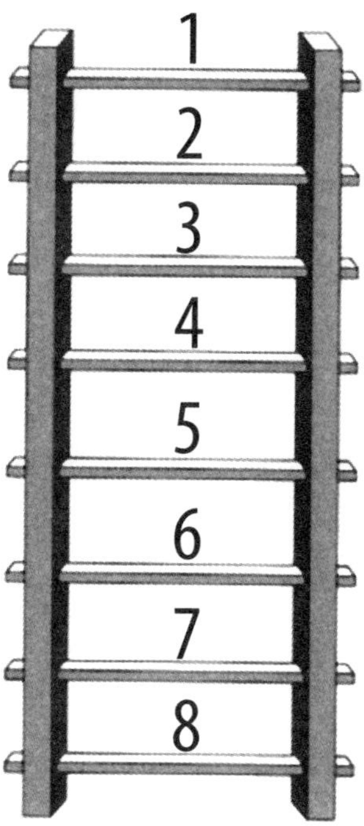

1. und höchste Stufe: Dem Bedürftigen die Möglichkeit geben, sich selbstständig zu ernähren.
2. Wohltätig sein in einer Weise, dass der Spender und der Bedürftige nicht voneinander wissen.
3. Der Wohltäter weiß, wem er gibt, aber der Arme erfährt nicht den Namen des Spenders.
4. Der Gebende kennt nicht den Namen des Bedürftigen, aber dieser kennt den Spender.
5. Geben, bevor man gebeten wird.
6. Geben, nachdem man gebeten wird.
7. Zwar nicht ausreichend geben, aber dennoch mit Freundlichkeit.
8. Mit Unfreundlichkeit geben.

Hinweise

1. Die Würde des Armen muss stets geachtet werden.

2. Anderen zu helfen, sich selbst zu helfen, ist die erste und höchste Stufe der Zedaka.

Wichtige Wörter und Wendungen

Zedaka צְדָקָה: „Gerechtigkeit; Rechtschaffenheit". Rechtschaffenes Spenden; Wohltätigkeit.

Literatur

Joseph Feinstein, I Am My Brother's Keeper, New York 1970.
Joel Grishaver, Beth Huppin, Tzedakah, Gemilut Chasadim and Ahavah, Denver 1983.
Jacob Neusner, Tzedakah, Chappaqua, N.Y. 1982.

Hatikwa הַתִּקְוָה
Die israelische Nationalhymne

Quelle

Den Text schrieb der Dichter Naphtali Herz Imber, vermutlich in Jassy, Rumänien um 1878. Er wurde inspiriert von dem Gründer von Petach Tikwa bei Tel Aviv.
Die Melodie komponierte Samuel Cohen. Sie basiert auf einem rumänischen Volkslied.

Informationen

כָּל־עוֹד בַּלֵּבָב פְּנִימָה
נֶפֶשׁ יְהוּדִי הוֹמִיָּה
וּלְפַאֲתֵי מִזְרָח קָדִימָה
עַיִן לְצִיּוֹן צוֹפִיָּה.
עוֹד לֹא אָבְדָה תִּקְוָתֵנוּ
הַתִּקְוָה בַּת שְׁנוֹת אַלְפַּיִם
לִהְיוֹת עַם חָפְשִׁי בְּאַרְצֵנוּ
אֶרֶץ צִיּוֹן וִירוּשָׁלָיִם.

Solange tief im Herzen
die Seel' eines Juden sich sehnt,
und gen Osten
ein Auge nach Zion noch späht,
solang' ist unsere Hoffnung nicht dahin,
ja die zweitausendjährige Hoffnung,
frei zu sein als Volk in unserm Land,
dem Lande Zions und Jerusalems.

Kol od balewaw penima
nefesch jehudi homija
ulepa-ate misrach qadima
ajin lezion zofija.
Od lo awda tikwatenu
hatikwa bat schnot alpajim
lihjot am chafschi bearzenu
erez zion wiruschalajim.

Ko-ol od ba- le-waw pe—ni———————ma
ne-fesch je—hu—di ho-o—mi—i—ja U—le
fa—a—te—e mis—ra ka-a—di—i—ma
a—jin le Zi—on zo-o—fi—i—na
Od lo aw—da tik-wa—te—e—nu
ha— a tik——wa bat schnot al— pa— jim
Li-jot am hof—schi be—e—a—ar—ze—e—nu
E—retz Zi—on wi—ju—scha-la—a——jim
Li-jot am hof—schi be—e—a—ar—ze—e—nu
E—retz Zi—on wi—ju—scha-la—a——jim.

Hinweise

1. *Hatikwa* singt man in der Regel im Stehen.

2. In religiösen zionistischen Familien gibt es die Tradition, während der *Smirot* (Schabbat-Tisch-Lieder) Psalm 126 auf die Melodie von Hatikwa zu singen.

Wichtige Wörter und Wendungen

Hatikwa הַתִּקְוָה: Die Hoffnung.

Literatur

Encylopaedia Judaica, Jersualem 1973, 7, 1470-1472.

Die 12 wichtigsten Orte Israels

אֶרֶץ יִשְׂרָאֵל

Quelle

סֹבּוּ צִיּוֹן וְהַקִּפוּהָ:

Umringet Zion, geht um sie herum!
Psalm 48,13

Informationen

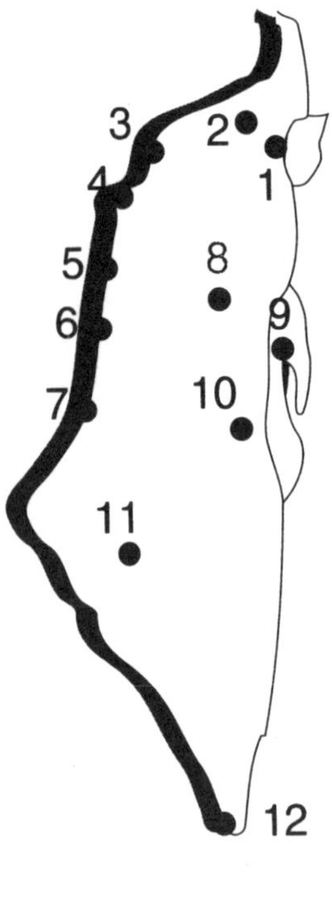

1. **Tiberias** (טְבֶרְיָה *Tewerija*): Beliebter Ferienort am Nordwestufer des See Genezarets. Als eine der vier heiligen Städte des jüdischen Volkes ist Tiberias reich an historischen und religiösen Sehenswürdigkeiten. Hauptattraktion ist eine Synagoge aus dem 3. Jahrhundert d.Z.

2. **Safet** (צְפַת *Sfat*): Nordgaliläa (galiläisches Bergland), ca. 35 km von Tiberias entfernt. Eine der vier heiligen Städte des jüdischen Volkes, Zentrum der Mystik. Zu den Sehenswürdigkeiten zählen zahlreiche alte Synagogen und die Künstlerkolonie.

3. **Akko** (עַכּוֹ): Seit der Antike bis ins 19. Jh. war Akko der wichtigste Haften Palästinas. Zu den heutigen Sehenswürdigkeiten zählen die Reste einer Kreuzfahrerstadt. Es liegt ca. 22,5 km nördlich von Haifa am Mittelmeer.

4. **Haifa** (חֵיפָה Chaifa): Israels Haupthafen vor den Nordhängen des Karmel. Die heutigen Sehenswürdigkeiten sind unter anderen das Bahai Heiligtum mit seinem Garten, das Haifa Museum und die Carmelit (Israels einzige U-Bahn).

5. **Caesarea** (קֵיסָרְיָה *Kesaria*): Antike Stadt genau zwischen Tel Aviv und Haifa. Zu den archäologischen Sehenswürdigkeiten zählen ein römisches Theater, in dem im Sommer oft Konzerte stattfinden. Eine andere beliebte Attraktion sind die Golfplätze.

6. Tel Aviv (תֵּל אָבִיב): ca 64 km nordwestlich von Jerusalem am Mittelmeer, Israels Handelszentrum. Zu den zahlreichen Sehenswürdigkeiten zählen das Diaspora Museum *(Bet ha-Tefuzot)*, die Große Synagoge, das Ha-Aretz-Museum, der Carmel Markt und die Strände.

7. Aschkalon (אַשְׁקְלוֹן *Aschkelon*): ca. 72,5 km südlich von Tel Aviv am Mittelmeer. Die Geschichte der Stadt geht bis in die Zeit der Kanaanäer und Philister zurück. Ihre archäologischen Sehenswürdigkeiten sind neben dem großen Badestrand beliebte Touristenattraktionen.

8. Jerualem (יְרוּלַיִם *Jeruschalajim*): Hauptstadt Israels, zweifellos Israels historischste Stätte. Jersualem ist eine der vier heiligen Orte des Judentums. Zu den vielen Sehenswürdigkeiten zählen die *Bezalel School of Modern Art*, der Biblische Zoo, die Hebräische Universität, das Israel Museum, die Knesset (Israels Parlament), die sog. »Klagemauer« (hebr.: »Westmauer« *ha-Kotel ha-ma'arawi*), das *Jad-Wa-Schem* Holocaust-Museum und das Hadassa-Krankenhaus mit seinen Chagallfenstern.

9. Totes Meer (יָם הַמֶּלַח *Jam ha-Melach*): der tiefste Punkt der Erdoberfläche, es ist ca. 75,5 km lang und ca. 16 km breit. Bei En Gedi an der Westküste kann man im Toten Meer baden und die heißen Quellen besuchen.

10. Massada (מְצָדָה *Mezada*): am Toten Meer, ca. 43,5 m über dem Meerespiegel. Bekannt wurde Massada als der Ort, wo die Zeloten nach dem Fall Jerusalems den Römern drei Jahre Widerstand leisteten. Zu den Sehenswürdigkeiten zählen unter anderem die archäologischen Reste der Festung einschließlich einer antiken Synagoge, in der viele amerikanische Touristen Bar- oder Bat Mizwas feiern.

11. Beerschewa (בְּאֵר שֶׁבַע): Aufgrund der vielen Erwähnungen in der Tora gilt Beerschwa als die Stadt der Erzeltern. Heute gilt Beerschewa als die Hauptstadt des Südens. Zu den zahlreichen Sehenswürdigkeiten zählen das *Desert Research Institute* und die Ben-Gurion-Universität.

12. Elat (אֵילַת): südlichste Stadt Israels am Roten Meer, aufgrund seines trockenen, heißen Klimas und der hervorragenden Korallenriffs ein beliebtes Touristenziel.

Hinweise

1. Wenn man nach Israel zieht, besonders nach Jersualem, spricht man von einer *Alija* (Hinaufgehen). Wenn man aus Israel auswandert, nennt man dies *Jerida* (Hinuntergehen).

Wichtige Wörter und Wendungen

Tel Aviv (תֵּל אָבִיב): Wörtlich: Frühlingshügel.
Jam ha-melach (יָם הַמֶּלַח): Wörtlich: Salz-Meer.

Literatur

David Bamberger, A Young Person's History of Israel, New York 1985.
Encylopaedia Judaica, Jersualem 1975, 9,107ff.
Zev Vilnay, Guide to Israel, Jersualem 1978.
Walter Rothschild, 99 Fragen zum Judentum, Gütersloh 2001, S. 50f.

Psalm für Jerusalem עֲלִיָּה לָרֶגֶל

Quelle

עֹמְדוֹת הָיוּ רַגְלֵינוּ בִּשְׁעָרַיִךְ יְרוּשָׁלָםִ: יְרוּשָׁלַםִ הַבְּנוּיָה כְּעִיר
שֶׁחֻבְּרָה־לָּהּ יַחְדָּו:

Pslam 122,2-3

Informationen

Unsre Füße stehen,
Jerusalem, in deinen Toren!
Jerusalem, du wohlgebaute
Hauptstadt, wo alles sich vereint,
wohin einst Gottes Stämme zogen
dem Ewigen zu danken nach Gesetz;
Wo einst Richterstühle standen,
des Hauses Davids hohe Stühle.

Betet für Jerusalems Frieden!
Wohl ergeh es denen, die es lieben!
In ihren Mauern wohne Frieden,
in ihren Türmen Sicherheit!

Der Ewige segne uns von Zion aus,
er lasse uns Jerusalems Wohl erblicken.
Mögen unsere Kinder und Enkel
Frieden in Israel sehen.

Nach Psalm 122
Das engl. Original entstand zum Gebrauch im *Hebrew Union College – Jewish Institute of Religion*, Jerusalem.

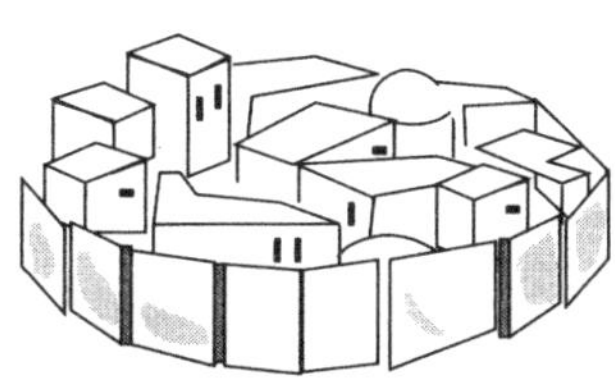

Hinweise

1. Juden pflegten früher dreimal jährlich nach Jersualem zu pilgern (zu den drei Hauptfesten Sukkot, Pessach und Schawuot). Dabei sangen sie die Psalmen mit dem Titel *Schir ha-ma'alot* (»Pilgerlieder«).

2. Wenn du nach Israel fährst, kannst du diesen Psalm sprechen, bevor du nach Jersualem kommst.

3. Man geht stets nach Jerusalem *hinauf*, physisch und spirituell.

Wichtige Wörter und Wendungen

Schir ha-ma'alot (שִׁיר הַמַּעֲלוֹת): Lied zum Aufstieg nach Jerusalem.

Literatur

Chaya Burstein, A Kid's Catalogue of Israel, Philadelphia 1988.
Barbara Sofer, Kids Love Israel, Israel Loves Kids, Rockville, Md., 1981.

Tefillat ha-Derech תְּפִלַּת הַדֶּרֶךְ

Gebet für unterwegs

Quelle

יְהִי רָצוֹן מִלְּפָנֶיךָ, יְיָ אֱלֹהֵינוּ וֵאלֹהֵי אֲבוֹתֵינוּ, שֶׁתּוֹלִיכֵנוּ
לְשָׁלוֹם וְתַצְעִידֵנוּ לְשָׁלוֹם, וְתַגִּיעֵנוּ אֶל מְחוֹז חֶפְצֵנוּ לְחַיִּים
וּלְשִׂמְחָה וּלְשָׁלוֹם. וְתַצִּילֵנוּ מִכַּף כָּל אוֹיֵב וְאוֹרֵב וְאָסוֹן בַּדֶּרֶךְ,
וְתִתְּנֵנוּ לְחֵן וּלְחֶסֶד וּלְרַחֲמִים בְּעֵינֶיךָ וּבְעֵינֵי כָּל רוֹאֵינוּ.
וְתִשְׁמַע קוֹל תַּחֲנוּנֵינוּ, כִּי אֵל שׁוֹמֵעַ תְּפִלָּה וְתַחֲנוּן אָתָּה.
בָּרוּךְ אַתָּה, יְיָ, שׁוֹמֵעַ תְּפִלָּה:

Babylonischer Talmud, Berachot 29b.

Information

Ewiger, unser Gott und Gott unserer Vorfahren, lass uns wohlbehalten unterwegs sein. Behüte unsere Schritte und geleite uns mit deinem Frieden. Lass uns lebendig, froh und unversehrt unser Ziel erreichen. Bewahre uns unterwegs vor jeglichem Feind, vor gewalttätigen Menschen und vor bösen Tieren. Behüte uns vor jeglicher Katastrophe, die plötzlich einbrechen könnte. Segne uns in allem, was wir tun, und lass uns Wohlwollen, Güte und Mitgefühl bei dir finden und bei jedem Menschen, dem wir begegnen werden. Höre unsere Bitten, denn du bist Gott, du hörst Bitten und Gebete. Gepriesen seist du, Ewiger. Du hörst Gebet.

Hinweise

1. In einigen Gemeinden werden zusätzlich einige Bibelverse gelesen sowie Psalm 91 und 121.

Wichtige Wörter und Wendungen

Ha-derech הַדֶּרֶךְ: Der Weg oder die Reise.
Nesiah towa נְסִיעָה טוֹבָה: Eine gute Reise! (als Abschiedsgruß)
Tefilla תְּפִילָּה: Gebet.

Literatur

Steven M. Brown, Higher and Higher, New York 1979.

Kaddisch de-Rabbanan

Gebet nach dem Lernen von Tora קַדִּישׁ דְרַבָּנָן

Quellen

1. Babylonischer Talmud, Sota 49a.
2. Seder Elijahu Rabba, Kapitel 5.

Informationen

יִתְגַּדַּל וְיִתְקַדַּשׁ שְׁמֵהּ רַבָּא. בְּעָלְמָא דִּי בְרָא כִרְעוּתֵהּ וְיַמְלִיךְ
מַלְכוּתֵהּ, בְּחַיֵּיכוֹן וּבְיוֹמֵיכוֹן וּבְחַיֵּי דְכָל בֵּית יִשְׂרָאֵל, בַּעֲגָלָא
וּבִזְמַן קָרִיב, וְאִמְרוּ אָמֵן:
יְהֵא שְׁמֵהּ רַבָּא מְבָרַךְ לְעָלַם וּלְעָלְמֵי עָלְמַיָּא:
יִתְבָּרַךְ וְיִשְׁתַּבַּח וְיִתְפָּאַר וְיִתְרוֹמַם וְיִתְנַשֵּׂא וְיִתְהַדָּר וְיִתְעַלֶּה
וְיִתְהַלָּל שְׁמֵהּ דְקוּדְשָׁא, בְּרִיךְ הוּא. לְעֵלָּא (בעשי״ת לְעֵלָּא
מִכָּל) מִן כָּל בִּרְכָתָא וְשִׁירָתָא, תֻּשְׁבְּחָתָא וְנֶחֱמָתָא, דַּאֲמִירָן
בְּעָלְמָא, וְאִמְרוּ אָמֵן:
עַל יִשְׂרָאֵל וְעַל רַבָּנָן וְעַל תַּלְמִידֵיהוֹן וְעַל כָּל תַּלְמִידֵי
תַלְמִידֵיהוֹן, וְעַל כָּל מָאן דְּעָסְקִין בְּאוֹרַיְתָא, דִּי בְאַתְרָא הָדֵין
וְדִי בְכָל אֲתַר וַאֲתַר, יְהֵא לְהוֹן וּלְכוֹן שְׁלָמָא רַבָּא חִנָּא וְחִסְדָּא
וְרַחֲמִין וְחַיִּין אֲרִיכִין וּמְזוֹנָא רְוִיחֵי וּפוּרְקָנָא מִן קֳדָם אֲבוּהוֹן
דְבִשְׁמַיָּא וְאַרְעָא וְאִמְרוּ אָמֵן:
יְהֵא שְׁלָמָא רַבָּא מִן שְׁמַיָּא וְחַיִּים טוֹבִים עָלֵינוּ וְעַל כָּל יִשְׂרָאֵל
וְאִמְרוּ אָמֵן:
עוֹשֶׂה שָׁלוֹם בִּמְרוֹמָיו הוּא בְּרַחֲמָיו יַעֲשֶׂה שָׁלוֹם עָלֵינוּ וְעַל
כָּל יִשְׂרָאֵל וְאִמְרוּ אָמֵן:

Jigadal we-jitgadasch schme raba be-alma di wra kir'ute' wejamlich malchute' bechajechon uwejomechon uwechaje dechol bet Jisrael ba-agala uwisman kariw, we-imru: amen. Jehe schme raba meworach leolam ulealme almaja. Jitbarach wejischtabach wejitpa-ar wejitromam wejitnase

wejithadar wejitale wejithalal schme dkudscha, brich hu, le-ela min kol birchata weschirata, tuschbechata wenechemata, da-amiran be-alma, weimru: amen.
Al Jisrael weal rabanan weal talmidehon weal kol talmide talmidehon weal kol man deaskin beoraita, di beatra haden wdi bechol atar waatrar jeh lehon ulechon schlama raba hina wechisda werachamin wechajin arichin umesona rewiche ufurkana min kodam awuhon dewischmaja weara weimru amen.
Jehe schlama raba min schmaja, wechajim alenu we-al kol Jirael, weimru: amen. Ose schalom bimromaw, hu ja-ase schalom, alenu we-al kol jisrael, weimru: amen.

Verherrlicht und geheiligt werde Gottes großer Name in der Welt,
die Gott nach eig'nem Ratschluss schuf.
Gottes Reich erstehe in eurem Leben und zu euren Zeiten und im Leben ganz Israels schnell und bald. Darauf sprecht:
So sei es.
Gottes großer Name sei gepriesen, immerzu und bis in Ewigkeit!
Gottes Name sei gepriesen und gelobt,
Gottes Name sei verherrlicht und erhoben.
Gottes Name sei verehrt und gerühmt,
Gottes Name sei gefeiert und besungen.
Gepriesen sei er über allem Lob und jedem Lied,
hoch über allem Preis und jedem Trost der Welt.
Darauf sprecht: So sei es.
Friede in Fülle komme über Israel und über die Gelehrten, über ihre Studierenden und deren Schülerinnen und Schüler. Friede in Fülle komme über jeden Menschen, der sich mit der Tora beschäftigt, sei es an diesem Ort oder an anderen Orten. Friede in Fülle komme über sie und über euch, Gnade und Liebe sei mit ihnen und mit euch, Erbarmen, ein langes und erfülltes Leben und Erlösung von Gott, der Quelle allen Lebens, dem Ursprung aller Weisheit. Darauf sprecht: So sei es.
Frieden in Fülle komme vom Himmel, Leben für uns und ganz Israel.
Darauf sprecht: So sei es.
Gott schafft Frieden in der Höhe. Möge Gott uns und ganz Israel Frieden geben. Darauf sprecht: So sei es.

Hinweise

1. *Kaddisch de-Rabbanan* wird nach einem öffentlichen Studium religiöser Texte gesagt.

2. Oft wird ein kleiner Abschnitt aus der Mischna zum Abschluss eines gewöhnlichen Gottesdienstes gesagt, um Menschen die Möglichkeit zu geben, dieses Kaddisch zu rezitieren.

3. Seit der Schoah ist es in einigen Synagogen üblich geworden, dieses Kaddisch in Gedenken an alle ermordeten Lehrerinnen und Lehrer zu sprechen.

4. *Kaddisch de-Rabbanan* ist wie die anderen Kaddisch-Gebete in aramäischer Sprache.

5. Kaddisch-Gebete werden gesprochen, sowohl um den Glauben an Gott zum Ausdruck zu bringen als auch um verschiedene Abschnitte der Liturgie zu unterteilen. (Sie fungieren als eine Art Komma im Gottesdienst.)

6. *Kaddisch de-Rabbanan* wird im Stehen gesagt.

7. Aus Respekt vor unseren Lehrerinnen und Lehrern ist es Brauch, die Worte jedesmal abzulesen, auch wenn man sie auswendig kann.

Wichtige Wörter und Wendungen

Kaddisch de-Rabbanan קַדִּישׁ דְּרַבָּנָן (aramäisch): Wörtlich: Gelehrtenkaddisch.

Literatur

Steven M. Brown, Higher and Higher, New York 1979.